사고력을 키워주는
즐깨감 수학일기

와이즈만 영재학습법
사고력을 키워주는 즐깨감 수학일기

1판 1쇄 발행 2011년 7월 5일
1판 4쇄 발행 2013년 1월 8일

서지원 글 | 우지현 그림

발행처 | (주)창의와탐구
발행인 | 임국진
편집인 | 염만숙
출판사업본부장 | 홍장희
편집장 | 김현정 편집 | 김정실 허선영
디자인 | 박영미
마케팅 | 김한석 김혜원 전혜선

출판등록 | 1998년 7월 23일 제22-1334
주소 | 서울특별시 서초구 방배3동 489-4 나노빌딩 3층
전화 | 마케팅 02-2033-8987 편집 02-2033-8928
팩스 | 02-3474-1411
전자우편 | books@askwhy.co.kr
홈페이지 | books.askwhy.co.kr

저작권자ⓒ2011 (주)창의와탐구, 서지원
이 책의 저작권은 (주)창의와탐구와 서지원에게 있습니다.
저자와 출판사의 허락 없이 내용의 일부를 인용하거나 발췌하는 것을 금합니다.

기획자의 말

'와이즈만 영재학습법' 시리즈를 펴내며

　세 살 버릇 여든까지 간다는 속담이 있습니다. 올바른 습관의 중요성을 강조한 말이지요. 공부에 있어서도 마찬가지입니다. 모든 것이 빠르게 변하는 현대 지식정보화 사회에서 개인의 학습 능력만큼 중요한 능력이 없지요. 그러니 초등학교 시절에 공부 습관을 잘 형성해 놓으면 평생을 주인공으로 멋지게 살아갈 수 있는 핵심 경쟁력을 갖추게 되는 것입니다.

　올바른 공부 습관을 만들려면 먼저 어떻게 하는 것이 올바른 공부 방법인지 알아야 합니다. 와이즈만 영재교육은 지난 10년 동안 창의력과 사고력 교육을 진행해 오면서 전문가들도 깜짝 놀랄 만한 우수한 성과를 많이 만들어 냈습니다. 그것은 "즐거움과 깨달음, 감동이 있는 교육"을 실천하기 위하여 교육 선진국의 사례를 연구하고 우리나라 교육의 주요한 변화들에 끊임없이 주목해 온 결과라고 할 수 있습니다. 그렇게 오랜 기간 모아진 경험을 책으로 펴낸 것이 바로 '와이즈만 영재학습법' 시리즈입니다.

　'와이즈만 영재학습법' 시리즈에는 초등학생들이 우수한 인재로 성장하기 위해서 초등학교 때부터 어떻게 실력을 다져 가야 하는지 친절하고 재미있게 설명되어 있습니다. 보통의 학습법 책들은 어른들이 읽고 아이들을 지도하도록 하고 있지만, '와이즈만 영재학습법' 시리즈는 어린이들이 직접 책을 읽고 깨달아서 바로 실천할 수 있도록 되어 있습니다.

　부모님이 시켜서 하는 공부가 아니라 스스로가 주인이 되어 자신의 삶을 계획하고 실천하려는 학생들에게 '와이즈만 영재학습법' 시리즈는 매우 든든한 친구가 되어 줄 것입니다.

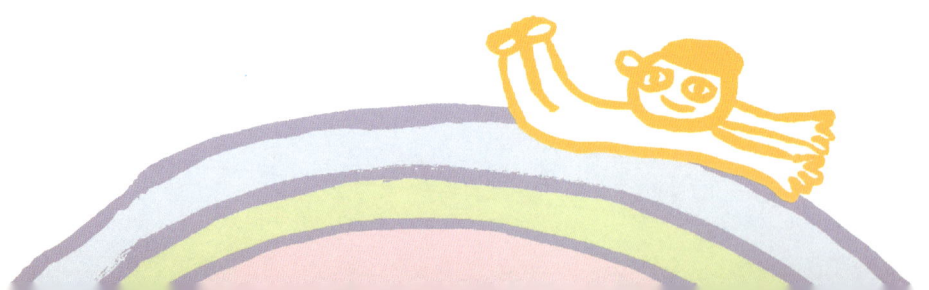

'즐깨감 수학일기'를 펴내며

　우리나라에서 수학일기 쓰기 교육을 제일 처음 실시한 교육 기관은 아마도 와이즈만 영재교육일 것입니다. 10년 전부터 와이즈만은 학생들에게 그날 배운 내용을 가지고 수학일기를 쓰도록 했습니다. 그리고 다음번 수업 시간 때 가져온 수학일기에 대해 선생님들이 꼼꼼하게 검토한 의견을 전하면서 수학일기 쓰는 것을 장려해 왔지요. 또한 전국 수학일기 대회를 통해 우수한 수학일기를 발굴하기도 하면서 다양한 수학일기 쓰기 방법을 개발해 왔습니다.

　수학일기를 쓰다 보면 많은 초등학생들이 저절로 수학 공부에 흥미가 깊어지고 자신감이 생기게 됩니다. 수학일기 쓰기는 공부한 내용을 생생하게 기억해 내고, 나의 생각이 어떻게 변화되었는지 되돌아보는 과정에서 공부는 물론 논리적인 글쓰기를 훈련하는데도 최고의 효과를 얻을 수 있습니다.

　"수학의 창의적 문제 해결력을 향상시키는 데 수학일기만큼 효과적인 것은 없다!" 이것이 바로 창의사고력 수학 교육 전문 기관인 와이즈만이 오랜 경험을 통해 내린 결론입니다.

　그래서 이번에 수학일기에서 상을 받았던 7명의 학생들 작품을 통해 수학일기를 잘 쓸 수 있는 방법을 알려 주고, 수업시간에 배웠거나 혹은 스스로 수학을 공부하다가 얻은 결론을 어떻게 일기로 쓸 수 있는지 그 과정을 보여 주고자 이 책을 발간하게 되었습니다. 수학에 자신이 없거나 더 잘하고 싶어서 수학일기를 써 보고 싶은 학생들에게 많은 도움이 되기 바랍니다.

와이즈만 영재교육연구소 소장 이미경

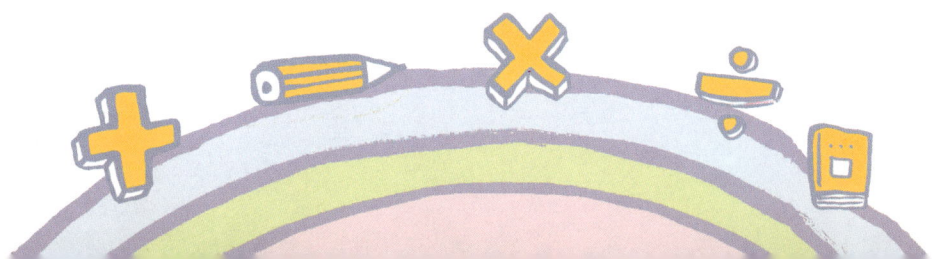

작가의 말

마법 같은 수학일기의 힘을 느껴 보세요!

어린이 여러분, 반가워요!

여러분이 이 책을 펼쳐 든 것은 수학을 잘하고 싶은 마음이 있기 때문이겠지요? 그래요, 누구나 수학을 잘하고 싶어 해요. 누구나 어려운 문제를 척척 풀어내는 놀라운 능력을 갖고 싶어 하지요. 하지만 누구나 수학을 잘하는 것은 아닙니다.

저는 이 책을 쓰기 전에 '어떻게 해야 수학이 즐겁고 재미있어질까?' 하고 고민했습니다. 지금까지 여러분이 했던 공부와는 뭔가 다른 특별한 공부법이 없을까, 방법을 찾아보았어요. 그러다가 참으로 놀라운 방법들을 알게 되었어요. 학교에서 공부하는 방법이 아닌, 문제집으로 푸는 방법이 아닌, 전혀 다른 방법으로 수학을 즐겁게 깨우칠 수 있는 방법 말이에요.

그건 바로 일기를 쓰는 것입니다. '뭐라고요? 일기라고요?' 하고 눈이 휘둥그레지면서 소리를 지르는 친구들도 있을 거예요. 맞습니다. 일기예요. 수학에 대한 내용으로 쓰는 수학일기 말이에요. 수학일기가 뭐냐고요? 수학일기는 일기처럼 자유롭게 쓰면 되지만, 수학을 공부하면서 어떤 생각을 했는지 생생하게 표현한다는 점이 일기와 달라요. 수업 시간에 공부한 내용을 그대로 옮겨 적는 것은 수학일기가 아닙니다. 그건 필기를 하는 것이지요. 지금 당장 수학일기를 써 보세요. 금방 그 효과가 나타날 거예요.

    이 책에는 수학일기를 쓰는 법을 꼼꼼하고 쉽게 정리해 놓았고 다른 친구들이 쓴 수학일기들도 여러 편 담아 놓았어요. 또한 이 책에는 지금까지 여러분이 학교에서 배운 방법과는 다른 수학 공부법을 소개해 놓았답니다. 저울을 이용해 연산을 빨리하는 법, 색종이를 가위로 잘라 보면서 문제 해결력을 키우는 법, 친구들과 툭붐 놀이로 수의 규칙을 깨닫는 법, 숫자 카드로 복잡한 연산을 풀어내는 법, 꽃밭을 보면서 도형의 넓이를 구하는 법 등이지요. 이야기만 들어도 흥미가 생긴다고요?

    바로 이런 수학이 창의사고력 수학이라고 말하고 싶어요. 수학이란 단지 시험을 잘 보기 위해서 공부하는 건 아니에요. 세상에는 답이 없는 문제도 있고, 답이 여러 가지인 문제도 있어요. 수학은 정답만 찾는 공부가 아니라, 새로운 방법으로 문제를 풀어내는 힘을 찾아 주는 공부이니까요. 그것이 바로 창의사고력 수학이고, 우리가 수학을 공부하는 진정한 이유랍니다.

    창의사고력 수학은 새로운 생각을 하는 힘을 가르쳐 줍니다. 창의사고력 수학을 잘하는 지름길이 바로 수학일기에 있습니다. 지금 당장 새로운 수학에 도전해 보세요. 교과서에 갇혀 있던 여러분의 생각에 창의사고력이라는 날개를 달아 보세요. 이제 곧 전혀 다른 차원의 수학이 펼쳐질 거예요.

                             서지원

차례

기획자의 말 4
작가의 말 6
신나라 선생님의 수학 캠프에 온 걸 환영해! 10

1장 › 똑똑한 수학일기, 이렇게 쓰면 쉽다

공부에 강한 수학일기 학습법
수학일기, 이렇게 쓰면 쉽다 18

1. 보통 일기와 수학일기는 어떻게 달라요? 20
2. 수학일기를 왜 써야 해요? 24
3. 수학일기를 쓰면 어떤 점이 좋을까요? 27
4. 수학일기는 어떻게 써야 할까요? 31
5. 수학일기를 잘 쓰는 방법을 알고 싶어요! 35
6. 수학일기를 재미있게 쓰려면 어떻게 해야 해요? 38

2장 > 생각을 깨우는 창의사고력 수학일기

저울을 이용해 연산을 배우자 48
- 강민아의 수학일기- 저울을 이용한 덧셈 탐구 66

색종이 자르기로 문제 해결력을 키우자 68
- 김채연의 수학일기- 색종이로 문제 해결하기 84

툭붐 놀이로 수의 규칙을 익히자 86
- 황성연의 수학일기- 지수와 수학 문제 대결하다! 110

수의 규칙으로 수학 천재에 도전하자 114
- 박준서의 수학일기- 수들의 결합 134

보물찾기로 문제 해결력을 키우자 136
- 권유정의 수학일기- 보물찾기 162

그림과 기호로 문제를 해결하라 166
- 이수인의 수학일기- 문제를 풀어내는 놀라운 방법 2가지 188

꽃밭에서 도형의 넓이를 깨우쳐라 192
- 박신형의 수학일기-너희는 공식으로 넓이를 구하니? 난 원리로 넓이를 구해! 216

친구들의 수학 생각, 창의사고력 수학은 OO이다 220

신나라 선생님의 수학 캠프에 온 걸 환영해!

와우! 이렇게 많이 모일 줄 몰랐는걸. 반가워! 수학을 잘하는 친구도 만나서 반갑고, 수학을 못하는 친구도, 수학을 싫어해서 엄마한테 끌려온 친구도 반가워.

내 소개부터 할게. 내 이름은 나라, 성은 신. 그래서 신나라야. 이곳은 수학 캠프야. 너희는 이곳에서 7일 동안 머물면서 재미있게 수학을 공부하며 수학일기를 쓰게 될 거야.

수학 이야기를 하니까 벌써부터 머리가 아프고 가슴이 답답하다고? 어머, 저런……. 걱정 마. 여기는 학교가 아니야. 수학 학원도 아니고. 수학을 신 나게 배우는 수학 캠프야. 수학이랑 노는 곳이라고! 내 이름 신나라처럼 말이야.

나는 이름이 신나라라서 그런지 슬프거나 우울한 적이 거의 없어. 언제나 즐겁고 행복하게 하루하루를 보낸단다. 어떤 사람들은 나더러 걱정도 없냐고 하지만, 걱정을 하면 뭘 하겠어? 걱정한다고 걱정거리가 사라지는 건 아니잖아. 그래서 나는 걱정할 시간에 걱정거리를 해결하려고 해. 그래서 사람들은 나만 보면 기분이 좋아진대. 내가 행복 바이러스를 퍼뜨린다나? 그런 사람들을 만나면 나는 더 신이 나고 기분이 좋아져.

이건 비밀인데, 사실 내가 행복 바이러스를 퍼뜨리며 늘 신 나게 사는 건 수학 때문이야. 그러니까 행복 바이러스가 아니라, 수학 바이러스라고 할 수 있지. 못 믿겠다고? 나는 정말로 수학이 너무너무 좋거든! 그래서 아직까지 결혼을 못 했는지도 몰라. 나처럼 아름다운 여인에게 사랑하는 사람이 없다는 걸 너희는 이해 못 하겠지만, 호호호, 수학을 너무 좋아해서 이렇게 되었나 봐. 나는 수학을 공부하느라 남자 친구 만날 시간조차도 없거든.

이곳에 온 너희 중에는 수학을 좋아하는 친구도 있을 테고, 싫어하

는 친구도 있을 거야. 수학을 잘하지만 수학일기를 쓰기 어려워하거나, 서술형이나 문장제 문제라면 고개를 절레절레 젓는 친구도 있을 거야. 어떤 친구는 수학이 지긋지긋해서 수학이 없는 세상에 살고 싶다고 울부짖었던 적도 있겠지. 다 알아, 너희 마음 다 안다고.

너희가 이곳을 찾은 것은 그래도 수학을 잘해 보고 싶은 마음이 눈곱만큼은 있기 때문이야. 수학을 잘하고 싶은데 잘 안 되니까 싫어진 거라고. 그런 친구들은 앞으로 내가 수학을 좋아하게 만들어 줄게. 수학 캠프에서 신 나게 놀고 즐기다 보면 수학이 좋아지고, 수학이 좋아지면 수학을 잘하게 될 거야. 갑자기 눈이 밝아지면서 못 풀던 문제도 풀 수 있게 되고, 성적도 쑥쑥 올라가고, 엄마와 아빠, 선생님의 칭찬이 이어지고, 친구들은 부러운 눈으로 바라보게 되지. 믿기 어렵다고? 내 말만 믿어. 내가 하라는 대로만 따라오면 돼. 하늘땅 별땅 약속한다!

이곳 수학 캠프는 수학을 즐겁고 재미있게 즐기면서 공부하는 곳이야. 딱딱한 의자에 앉아 지긋지긋한 시험이나 보고, 점수 때문에 잔소리나 듣는 그런 곳이 아니란 말이야. 그러면 준비됐니? 이제 수학이랑 한바탕 놀아 볼까?

아참, 이곳 수학 캠프에 들어온 이상 꼭 지켜야 할 게 있어. 이곳에서는 그날 배운 것에 대해서 반드시 일기를 써야 해. 수학일기란 것도 있냐고? 하하하! 처음에는 다들 그렇게 놀라지. 하지만 별로 어렵지 않아. 이제부터 내가 수학일기 쓰는 법을 자세히 가르쳐 줄게. 일기만 잘 써도 수학을 잘할 수 있어. 자! 친구들, 수학이랑 한바탕 놀아 볼 준비가 되었니? 이제 시작해 볼까?

공부에 강한 수학일기 학습법

수학일기, 이렇게 쓰면 쉽다

준비물

공책 (비싸지 않은 것으로)

연필 (볼펜이나 사인펜 말고, 지우고 다시 쓸 수 있는 것으로)

지우개 (예쁘기보다 잘 지워지는 것으로)

1. 거울 보며 주문 걸기

거울을 보며 소리를 내 이렇게 말해.
"나는 수학일기를 잘 쓸 수 있다. 나는 수학일기를 누구보다 잘 쓸 수 있다. 나는 수학일기를 쓰려고 태어난 사람이다. 아브라카다브라, 얍!" 이 주문을 5번 반복해. 주문을 외우면서 웃으면 효과가 사라지니, 그때는 처음부터 진지한 얼굴로 다시 해야 해.

2. 날짜와 날씨 쓰기

글자는 정성스럽게 또박또박 써. 그리고 정확하게 ○○○○년 ○월 ○일 ○요일로 적어야 해. 날씨는 창의력을 발휘해서 '만구천삼백이십육 개의 햇빛이 쏟아지는 날', '빗줄기와 땅의 각도가 73°로 비가 온 날' 등으로 표현해서 써.

3. 제목 쓰기

안 읽고 못 배길 만큼 무지무지 재미나게 써. '피자 먹다가 분수 도사 되다!', '수학 탐정과 피라미드의 저주 풀기'처럼 말이야.

4. 서론 쓰기

붕어빵을 먹을 때 어디부터 먹니? 대부분 머리부터 먹겠지? 서론 쓰는 것은 붕어빵의 머리를 먹는 것과 같아. 여기서는 수업 시간에 했던 내용을 소개하면 돼. 수업을 듣기 전 나의 마음이 어떠했는지 적는 것도 좋아.

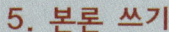

5. 본론 쓰기

붕어빵의 달콤한 몸통을 먹을 차례야. 어떤 내용을 공부했는지 공부한 내용과 과정을 적는 거야.

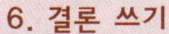

6. 결론 쓰기

붕어빵의 바삭바삭한 꼬리를 먹을 차례야. 수업 내용에서 새롭게 알게 된 점과 흥미로웠던 점 등을 적어.

7. 앞으로의 다짐 쓰기

수업을 마쳤는데도 아직 모르는 부분이나 궁금한 부분이 있다면 그것도 적도록 해.

8. 처음부터 소리 내어 읽기

처음부터 또박또박한 목소리로 소리 내어 읽어 봐. 눈으로 읽지 말고 반드시 소리 내어 읽도록 해. 잘 썼다면 스스로에게 칭찬을 해. 네 이름이 민지라면, "민지야, 정말 잘 썼구나. 앞으로도 계속 잘 쓸 거지?"라고 말해 줘. 진지한 목소리로 말해야 해. 웃으면 효과가 사라지니, 명심해!

1 보통 일기와 수학일기는 어떻게 달라요?

민아의 고민

우리가 알고 있는 일기는 하루 동안 일어난 생활을 중심으로 쓰는 거잖아. 제일 즐거웠던 일, 행복했던 일, 제일 슬펐던 일, 제일 신기했던 일, 제일 놀랐던 일 등 기억에 가장 남아 있는 것을 쓰지. 그런데 수학일기는 자신의 생활을 중심으로 쓰는 게 아니라, 수학을 중심으로 쓰는 거야. 예를 들면 수학에 관련된 동화책을 읽고 쓰기도 하고, 수학 수업 시간에 배운 내용을 쓰기도 하고, 수학에 얽힌 상식을 쓰기도 하는 거지. 또 생활 속에서 직접 경험하면서 깨달은 수학 내용을 자유로운 형식으로 표현하기도 해.

수학일기에서 빼놓지 말아야 할 것은 바로 수학 원리야. 그러니까 수학일기는 수학적인 기본 원리를 바탕에 놓고 쓰는 일기라는 것을 명심해야 해. 수학일기는 수학을 공부하면서 내가 어떤 생각을 했는지 생생하게 표현한 글이야. 일기처럼 자유롭게 쓰는 것은 같지만, 마음속의 이야기를 쓰는 게 아니라는 점이 달라. 단순히 수업 시간에 공부한 내용만 적은 건 수학일기가 아니야. 그건 그냥 필기를 하는 거지.

일기란 마음속에 있는 자신만의 이야기를 쓰는 거잖아. 그러니까 수학일기도 수업에서 깨닫게 된 자신만의 생각을 적거나 잘 몰랐는데 완전히 이해하게 된 것, 새롭게 알게 된 것을 적어야 해.

일기를 쓰면 하루를 정리해 볼 수 있듯이, 수학일기도 내가 어떤 내용을 공부했는지 스스로 정리해 보면서 확인하게 해 줘.

보통 일기

자신의 생활에서 벌어진 일을 중심으로 쓰는 일기이며 즐거웠던 일, 행복했던 일, 슬펐던 일, 신기했던 일 등을 쓰면 돼.

2010 년 5월 5일 수요일 날씨: ☀

〈Children's day!〉

눈을 떠 보니 벌써 시계가 9시를 가리키고 있었다. 정말 오래 잔 것 같았다. 하지만 어린이날의 몇 시간을 낭비한 것 같아 마음이 아팠다.

나는 제일 먼저 피아노 앞자에 앉아 연주를 시작했다. 그렇게 엄마, 아빠를 깨웠다.

맛있는 아침 식사를 하고, 우리 셋은 차를 타고 광화문 교보문고로 떠났다. 내가 전부터 계획해 놓은 행선지였다. 엄마, 아빠는 어디 놀러갈 생각을 했는데 60학년은 책을 봐야 한다는 생각을 가진 나는 교보문고로 가자고 주장했다.

광화문 교보문고 주차장에 들어서니 어떤 문구가 눈에 띄었다. '휴,업.등' 그래서 우리는 강남 교보문고로 들어갔다. 사람들은 옛날보다 한적했다. 사람들이 놀러가는 틈을 타 서점에 올 생각을 한 내가 대단하다는 생각이 들었다.

나는 예술 코너에 먼저 들렀다. 모짜르트 소나타를 손에 쥔 나는 음악 CD를 사러 발걸음을 옮겼다. 한참 고민 끝에 쇼팽, 베토벤, 모짜르트의 곡이 모두 들어간 클래식 CD를 샀다. 여행할 때 차안에서 들으면 그 소리가 아름답기 때문이다.

마지막으로 들른 곳은 역시 아동 코너였다. 나는 만화책 두 권과 동화책 한 권을 골랐다.

계산대에 고른 것을 모두 올려 놓으니 10만원 정도가 나왔다. 정말 충격적이었다.

오늘은 특이한 어린이날이었다. 내년에도 나는 어린이!!! 생각의 깊어는 거리 청천 수준인데요. ○

수학일기

생활을 중심으로 쓰는 게 아니라, 수학을 중심으로 쓰는 일기야. 수학적인 기본 원리를 바탕에 둬.

수학일기   2010년 10월 24일

교과서에는 여러가지 문제 푸는 방법을 가르쳐주는 단원이 있다. 이 단원에는 여러가지 문제가 나오는데, 나는 그중에서 각 변의 합이 같도록 숫자를 넣는 문제를 풀어보았다.

활동 3

사각형의 각 변에 있는 세 수의 합이 같도록 □안에 숫자 1, 3, 7, 9를 알맞게 써 넣어 봅시다.

(교과서 115쪽)

A방향, B방향, C방향, D방향의 합이 같아야 한다. 그리고 □안에 들어갈 수 있는 수는 1, 3, 7, 9 뿐이다. 나는 이런 문제는 이렇게 푼다. 먼저

A(=2+□+4) + B(=4+□+8) + C(=6+□+8) + D(=2+□+6)

⇨ □, □, □, □ → 1, 3, 7, 9 중에 하나씩이므로

A+B+C+D=60 이라는 결론이 나온다.

이해하기 쉽게 A, B, C, D를 정했지만, 알고 보면 A, B, C, D는 모두 같은 숫자이다. 그래서 60÷4=15로 각 줄의 합은 15가 된다.

A(2+□+4=15), B(4+□+8=15), C(6+□+8=15), D(2+□+6=15)

이라는 결론을 얻을 수 있다. 이렇게 각 줄에 합이 같은 문제는 전체의 합을 먼저 구해 똑같이 나누어 주면 쉽게 문제를 풀 수 있다. 항상 지루했던 교과서에도 이렇게 재미있는 문제가 나와서 다행이었고, 다시 한 번 와이즈만에서 배운 내용을 복습할 수 있었다.

② 수학일기를 왜 써야 해요?

채연이의 고민

 일기를 왜 써야 하는지는 아니? 아마 대부분 선생님이 검사를 하기 때문에 여러분이 일기를 쓰는 거겠지. 만약 선생님이 검사를 안 한다면 많은 친구들이 일기를 쓰지 않겠지. 그러니까 그런 일기는 진실한 일기가 아니야. 남에게 보여 주기 위해 쓰는 것은 진짜 일기가 아니란 말이지.

 일기(日記)는 하루를 돌아보면서 하루 동안 일어난 일을 적은 글이야. 일기는 날마다 쓰는 글이란 뜻이야. 만약 일주일에 한 번 쓰는 글이라면 주기(週記), 한 달에 한 번 쓰는 글이라면 월기(月記)라고 했을 거야. 그러니까 일기는 하루도 빠짐없이 날마다 써야 해. 물론 쉽지는 않겠지만 습관을 들인다면 한결 쉬워져. 그런 일기는 너희 인생에서 무엇과도 바꿀 수 없는 소중한 보물이 될 거야.

일기를 쓰는 것은 자신만의 역사책을 만드는 것과 같아. 자신의 하루하루를 기록해 두면 자신만의 역사책이 되는 거지. 어른이 되어 자신이 어떻게 살아왔는지 살펴볼 수 있는 추억 모음집이 되는 거야. 또 일기를 쓰면서 하루를 돌이켜 보면 그날의 생활을 정리하고 반성할 수 있게 돼.

그렇다면 수학일기는 왜 써야 하는 걸까? 바로 수학을 제대로 이해하기 위해서야.

수학은 원리가 중요한 학문이야. 그러니까 처음부터 원리를 정확하게 이해하고, 계단을 밟아 올라가듯 하나씩 제대로 익혀 나가는 것이 중요해. 그렇게 하나씩 깨달아 가다 보면 수학이 점점 재미있게 되고, 나중에는 '공부의 맛'을 알게 되는 감동까지 체험하게 되지! 야호!

수학일기를 쓰면서 날마다 공부한 것을 정리하다 보면 잊어버린 것을 다시 떠올릴 수 있게 돼. 또 내가 이렇게 공부해 왔구나, 하고 용기와 의욕이 생기지. 수학일기를 쓰면서 그날 배운 것을 돌이켜 보면 그날 공부한 것들이 정리되고, 무엇을 더 공부해야 할지 계획도 세우게 돼. 어때, 이제 궁금증이 다 풀렸니?

③ 수학일기를 쓰면 어떤 점이 좋을까요?

성연이의 고민

첫째   글쓰기를 잘하게 돼!

날마다 일기를 열심히 쓰다 보면 자기도 모르게 글쓰기 실력이 좋아지지? '오늘 일기는 무엇을 쓸까?', '오늘 있었던 일을 어떤 형식으로 쓰면 재미있을까?' 하고 궁리를 하다가 보면 자기도 모르게 생각하는 능력도 깊어지잖아. 수학일기도 마찬가지야. 수학일기를 쓰면 글쓰기 능력이 쑥쑥 자라게 돼. 또 자신의 생각을 잘 정리할 수 있게 되고 논리적으로 글을 쓰게 돼.

둘째   어려운 수학 문제를 풀 수 있게 돼!

수학일기를 쓰면 생각하는 힘도 키워져. 이렇게 키워진 생각의 힘을 수학적 사고력이라고 해. 수학적 사고력이 키워지면 어려운 수학 문제를 풀 수 있을 뿐만 아니라, 어른이 되어서 자신이 원하는 여러 분야에서 능력을 마음껏 발휘할 수 있어.

셋째   한 번 배운 수학은 까먹지 않게 돼!

오늘 학교에서 배운 내용으로 수학일기를 써 봐. 어때? 수업 시간에 내가 어떤 생각을 했는지 정리하고 되돌아볼 수 있게 되지? 수학일기는 수업 시간에 배운 내용을 생생하게 기억하고 내 것으로 만들 수 있어.

아무리 많이 공부를 한 수업이라도, 그 수업이 끝나면 잊어버리게 마련이야. 하지만 수학일기를 쓰면 수업 시간에 한 공부를 오랫동안 기억할 수 있어. 공부 효과가 확실하게 다르다는 것을 느낄 거야.

넷째 내가 무엇을 잘 모르는지 정확하게 알게 돼!

수업 시간이 끝날 때쯤 선생님이 궁금한 게 있으면 질문해 보라고 하시지? 그때 질문거리가 생각나니? 궁금한 게 하나도 없었어? 질문거리가 없고, 모르는 것도 없고, 궁금한 것도 없다면 공부를 확실하게 한 게 아니야. 모르는 게 없다는 게 말이 안 되거든. 공부를 잘하는 사람은 우선, 자기가 무엇을 모르는지 정확하게 알고 있어. 모르는 게 무엇인지 알기 때문에 모르는 것만 공부하면 되지. 하지만 자신이 어떤 부분을 잘 모르는지도 모르는 사람은 제대로 아는 것도 없는 거야.

수학일기를 쓰면 공부한 내용들이 차곡차곡 머릿속에 정리가 돼. 그러면서 자신이 무엇을 모르는지, 잘못 알고 있는 것이 무엇인지 스스로 점검하는 능력도 커져. 자신이 모르는 것을 알게 되기 때문에 공부에 확실하게 도움이 되지.

다섯째 공부했던 내용을 완전히 내 것으로 만들 수 있어!

수학일기에서는 공부를 할 때의 상황과 분위기도 쓸 수 있고, 그때

느꼈던 마음도 자유롭게 쓸 수 있어. 분위기나 느낀 점 등을 함께 쓰면 공부한 내용이 오랫동안 기억에 남게 돼. 공부 효과가 좋아지는 거야. 수학일기 쓰기, 그것은 공부했던 내용을 완전히 내 것으로 만드는 데 꼭 필요한 거야.

물론 수학일기를 쓰는 것은 쉬운 일이 아니야. 하지만 힘든 만큼 얻는 것도 정말 많아. 분명히 수학일기를 쓸 때마다 너에게 대단한 수학 능력이 생길 거야.

 수학일기는 어떻게 써야 할까요?

준서의 고민

첫째 **날짜와 날씨 쓰기**

보통 일기를 쓸 때에 꼭 갖춰야 할 게 있어. 뭘까? 날짜와 날씨, 제목이야. 날짜를 쓰지 않았다면 언제 썼는지 확인할 방법이 없거든. 수학일기도 마찬가지야. 그러니까 날짜는 '○○○○년 ○월 ○일 ○요일'로 정확하게 적어야 해.

날씨는 간단하게 적지 말고, 창의력을 발휘해서 멋지게 써 봐. 흐림, 비, 맑음보다 엄마가 우산을 챙겨 준 날, 발이 시려 동동 떤 날, 너무 더워 얼굴이 빨개진 날 등으로 적어 보면 좋겠지.

둘째 제목 쓰기

제목은 한눈에 봐도 내용을 알 수 있도록 지어 봐. 재미나게, 통통 튀는 소리가 나는 것처럼 말이야. 예를 들어 '피자만 보면 분수가 생각 나', '계산기보다 더 빠르게 수학 문제를 푼 날', '수학 탐정, 드디어 피라미드의 비밀을 알게 되다!' 등으로 지어 보는 거야.

셋째 서론, 본론, 결론 쓰기

너희가 처음 수학일기를 쓰는 거라면 막연할 거야. 무엇부터 써야 할지 생각도 안 나고 눈동자만 이리저리 굴리게 되겠지.

자, 여기 방금 구운 따끈따끈한 붕어빵이 있어. 이 붕어빵을 먹을 때 어떻게 먹니? 나는 맨 처음에 머리부터 먹어. 그 다음 달콤한 앙금이 든 몸통을 먹고, 마지막에 바삭바삭한 꼬리를 먹어.

수학일기도 마찬가지야. 붕어빵을 먹는 것처럼 처음에는 서론(머리), 그 다음에 본론(몸통), 마지막에 결론(꼬리)을 쓰는 거야. 너무 어렵게 생각하지 마. 너희는 머리부터 차근차근 맛있게 쓰면 돼. 그게 무슨 소리냐고?

　자, 서론에는 무엇을 쓸까? 수업 시간에 했던 내용을 소개하면 돼. 수업을 하기 전 나의 마음이 어떠했는지 적어 주는 것도 좋아. 본론에는 무엇을 쓰지? 어떤 내용을 공부했는지 공부한 내용과 과정을 적도록 해. 또 공부하기 전에 들었던 자신의 생각이 수업을 하고 난 다음에 어떻게 바뀌었는지도 적으면 좋아.

　다음으로, 결론은 어떻게 쓸까? 수업 내용에서 새롭게 알게 된 점과 흥미로웠던 점, 아쉬웠던 점을 쓰는 거야. 또 수업의 주제가 무엇이었는지 한 단락 정도 적어 줘도 좋아.

넷째　키워드 빼놓지 말기

　너희가 수학일기를 쓸 때 꼭 넣어 주었으면 하는 게 있어. 바로 키워드야. 공부에는 키워드라는 게 있어. 키워드란, 어떤 문제를 해결할 수 있는 열쇠가 되는 말이야. 그러니까 공부를 할 때 반드시 알아야 할 아주 중요한 핵심 용어나 개념이 바로 키워드라고 할 수 있지.

　수학을 잘하려면 수학의 키워드를 반드시 알아야 해. 수학의 키워드로 수학의 개념을 정확하게 익힐 수 있거든. 그러니까 수학일기를 쓸 때에는 수학의 키워드를 담아 주면 좋아. 그러면 아주 훌륭한 일기가 될 거야.

다섯째 　앞으로의 다짐 쓰기

마지막으로, 앞으로의 다짐은 무얼 쓸까? 수업을 마친 후에도 이해가 안 되거나 모르는 단어를 해결하지 못했을 때 적도록 해. 더 알고 싶은 것을 적어도 좋아.

5 수학일기를 잘 쓰는 방법을 알고 싶어요!

수인의 고민

'오늘은 아무 일도 없었는데 뭘 쓰지?' 나도 너희만 할 때, 이런 고민을 많이 했단다. 어제와 오늘이 똑같았다면 정말 뭘 써야 할지 막막할 거야. 하지만 잘 생각해 봐. 완전히 같은 날이란 세상에 없거든.

물론 날마다 일기를 새롭게 쓴다는 건 쉬운 일이 아니야. 하지만 수학일기는 이런 고민은 할 필요가 없어. 수학일기에는 글을 쓸 거리가 이미 정해져 있잖아. 그래서 보통 글쓰기보다 소재를 찾기가 어렵지 않아.

똑같은 수학이라도 열 가지도 넘는 재미난 일기를 만들 수 있어. 곰곰이 생각해 봐. 눈을 감고 오늘 했던 수학 공부를 하나씩 머릿속에 떠올려 봐. 선생님이 하신 말씀, 친구들의 수업 분위기, 선생님의 설명을 들었을 때 내 느낌, 그리고 의문점까지 참 많은 생각들이 떠오르지 않니? 이게 다 수학일기에 쓸 거리야.

그것도 부족하다면, 오늘 했던 수학 공부와 관련 있는 책을 읽어 보거나 인터넷으로 자료를 찾아볼 수도 있어. 쓸거리는 얼마든지 많아.

수학일기를 쓸 때에는 이런 순서로 생각을 정리해 봐. 훨씬 쉽게 잘 써질 거야.

> 수업 시작하기 전의 내 생각 → 수업이 진행되면서 변화되는 생각 → 수업이 끝난 후의 생각

이 순서대로 네 생각을 정리해 보는 거야. 그리고 책이나 수업 시간, 생활 속에서 경험한 내용을 다시 한 번 떠올려 봐. 재미있었던 점, 아쉬웠던 점, 느낀 점도 쓰고, 새롭게 알게 된 내용이나 더 알고 싶은 내용도 적어. 그림이나 만화를 그려 넣어도 좋아.

수학일기를 쓰는 동안 너희는 수학을 점점 잘하게 될 거야. 시험 볼 때가 되어서 일기장을 한 번 살펴보는 것만으로도 공부에 큰 도움이 돼.

일기는 날마다 써야 하지만, 수학일기는 날마다 쓸 필요는 없어. 수학을 배운 날, 부담 갖지 말고 써 보도록 해.

일기를 잘 써서 수학을 잘하게 된다는 상상을 해 봐. 벌써부터 기분이 좋아지지 않니?

6 수학일기를 재미있게 쓰려면 어떻게 해야 해요?

글을 쓴다는 건 쉬운 일은 아니야. 일기 쓰기도 마찬가지지. 쉽게 술술 써지지는 않을 거야. 일기 쓰기도 어려운데 수학일기 쓰는 건 더 어렵겠지. 그래, 나도 너희 마음을 이해해.

그래서 내가 수학일기를 재미있게 쓰는 방법을 알려 주려는 거잖아. 수학일기를 날마다 같은 형식으로 쓰면 금세 질리고 재미가 없어져. 그렇게 하다 보면 일기를 며칠 쓰지 못하고 포기하게 돼.

수학일기는 글로만 쓰는 게 아니야. 다른 방법이 얼마든지 많아. 너희가 좋아하는 만화로 그릴 수도 있고, 추리 형식으로 쓸 수도 있고, 수학에 자신의 마음을 담아 시 일기를 쓸 수도 있고, 마인드맵으로 표현할 수도 있어.

수학으로 시도 쓸 수 있다니 놀랍지 않아?

이제 추리 일기, 시 일기, 기록 일기, 마인드맵 일기, 탐구 일기를 소개할 거야. 다른 친구들이 어떻게 썼는지 살짝 보면 깜짝 놀랄걸. 그리고 너도 그렇게 써 보고 싶다는 마음이 생길 거야. 어려울 거 없어. 시도해 보면 곧 자신감이 자라고 일기 쓰기가 이렇게 재미있다는 걸 느끼게 될걸!

추리 일기

탐정이 된 기분으로 수학의 내용을 추리해 봐. 범인을 잡듯 원리를 찾아봐. 수학에 대한 이해와 사고력을 높여 줄 거야.

제3회 수학·과학 일기대회

센터명 압구정센터 3 학년 학생 이름 김민솔

〈라면을 쓴 계산〉 도둑잡기

인물 : ♡, ✵, ○, △, □, 경찰, 힌트맨, 해설자
곳 : 경찰서

경찰 : 너의 이름을 밝혀라
♡✵○△□ = 싫어요! NoNo!
힌트맨 = 정의의 전사 힌트맨 나가신다~!
　　　　무슨 일이십니까?

경찰 : 범인을 잡으려고 하는데 누군지를 알아야 말이지...

힌트맨 : 그럼 이 힌트맨이 힌트를 주겠다!
　　　　✵△✵□ - ♡△○ = ♡△✵ 이다.

경찰 : 너무 어려워 ㅠㅠ! 좀 더 쉽게 바꿔주면 안되나?

힌트맨 : 그러면... 아❗ ♡△○ + ♡△✵ 은 ✵△✵□ 다.

경찰 : 그런데 그렇게 바꾸면 어떻게 쉬워진다는 거지?

힌트맨 : 받아내림하면 숫자를 지워야 해서 힘들지 않겠나?
　　　　그런데 덧셈을 하면 받아올림만해서 1을 더해 주니 지기때문에
　　　　더 쉽다.

경찰 : 아~ 그렇군!
　　　　　　　　　　　♡△○
　　　　　　　　　+ ♡△✵
힌트맨 : 그럼 한가지 더! ✵은 1이다.　✵△✵□

경찰 : 왜?

힌트맨 : 왜냐하면 아무리 큰 수 9를 두번 더해도 18밖에 되지 않잖아

시 일기

수학을 주제로 동시를 써 보는 거야. 자신의 느낀 점도 담아 보고, 즐겁고 가벼운 마음으로 수학의 내용을 담아 봐. 톡톡 튀는 수학 시 일기를 쓸 수 있어.

광주봉선. 1학년.

알쏭달쏭 퍼즐

서석범

알쏭달쏭 퍼즐
정답을 맞히려고 해도
정답은 요리조리 잘 빠지네.

알쏭달쏭 퍼즐
풀이 과정을 맞히려 해도
입구멍에 들어 박혀 나오질 않네.

알쏭달쏭 퍼즐
내 머릿속을 뚫고
요리조리 도망치네.

기록 일기

기록 일기에는 NIE 일기도 있어. 예를 들어 자기가 좋아하는 운동선수의 활동 결과, 스포츠 신문에 나온 월드컵이나 프로축구 경기의 결과를 소재로 쓰는 거야. 우리나라에 1년 동안 피해를 준 태풍을 소재로 쓸 수도 있어.

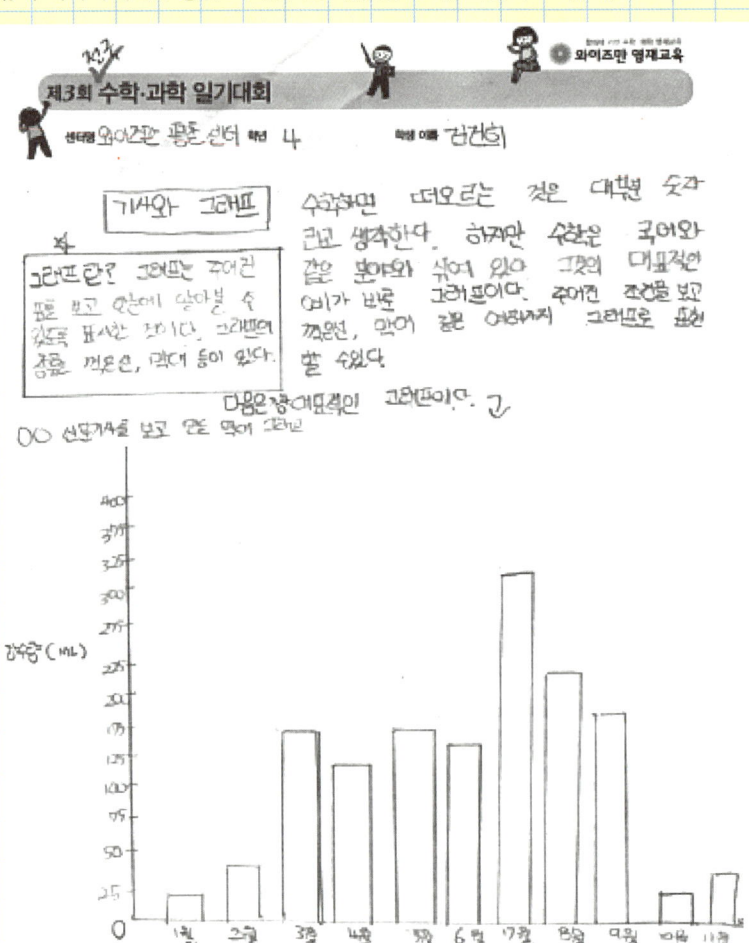

마인드맵 일기

평소 알고 있는 수학 상식과 생활 속에서의 수학 경험을 마인드맵 형식을 통해 그림이나 글(수식 포함)로 표현해서 창의적인 사고를 이끌어 내는 일기야.

2009년 12월 10일 날씨 비

제목: 수평으로 만들어요.

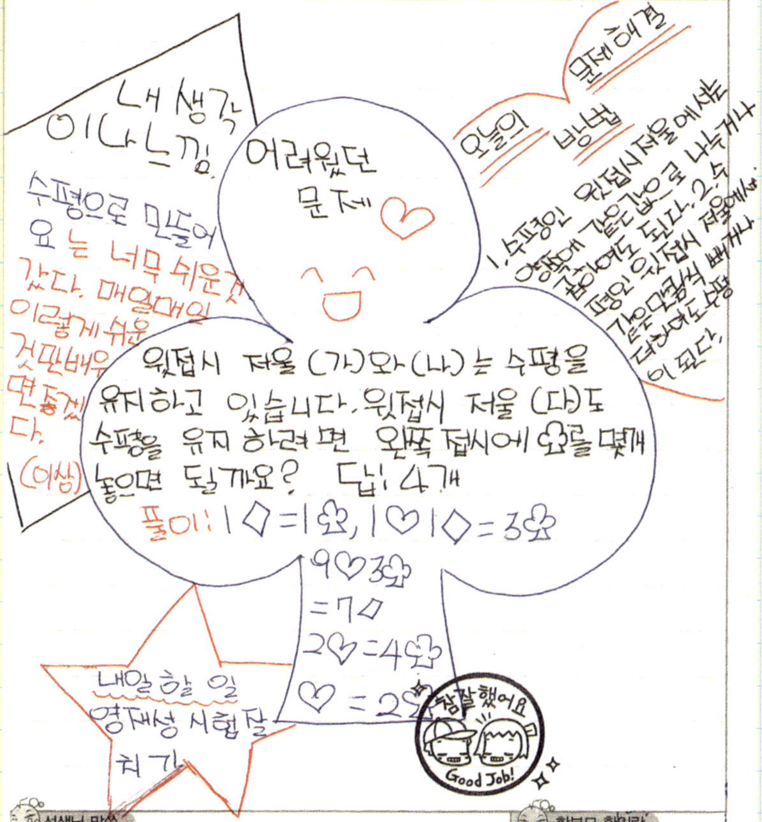

내 생각이나 느낌
수평으로 만들어요 는 너무 쉬운 것 같다. 매일매일 이렇게 쉬운 것만 배우면 좋겠다. (이상)

어려웠던 문제
윗접시 저울 (가)와 (나)는 수평을 유지하고 있습니다. 윗접시 저울 (다)도 수평을 유지하려면 왼쪽 접시에 ♡를 몇개 놓으면 될까요? 답: 4개
풀이: 1♧ = 1♤, 1♡1♧ = 3♤
9♡ 3♧ = 7♤
2♡ = 4♤
♡ = 2♤

오늘의 문제해결 방법
1. 수평은 양쪽 시 저울에 무게가 같을 때를 말하며, 2. 수평이어도 되고, 수평이 아닐 때 겨울에는 같은 무게씩 빼거나 더하여도 수평이 돼다.

내일 할 일
영재성 시험 달치기

선생님 말씀 / 학부모 확인란

Good Job! 참 잘했어요

탐구 일기

생활 속에 숨어 있는 수학 원리를 직접 탐구해 보고, 그 과정 및 결과를 창의적으로 표현하는 일기야.

2009년 12월 11일 날씨 맑음

(1편) 제목: 곱셈 고수가 되는 비법 일기

나는 매주 금요일 마다 와이즈만을 가는데, 오늘은 아주 재미있게 갔다. 저번주 금요일은 구구단을 완벽히 못 외워서 고생을 좀 했지만, 이번주 금요일은 모두 외워서 정확하고 빨리 풀었다. 그런데 언제는 이런 의문이 들 때도 있었다. "친구들도 구구단을 외워서, 나처럼 빨리 풀었을까?" 라는 의문 말이다. 아차!!! 오늘 배운 것은 '곱하기'다. 곱하기는 같은 숫자를 여러번 더하는 것이다. 예문을 만들면, 카드는 보통 한 통에 5장이 들어 있는데, 카드 3통을 사면 15장을 얻게 된다. 카드 3통을 뜯어서 보지 않아도 세지 않아도 알 수 있는 것이 바로 바로 곱셈의 마술이다!!!

곱셈을 더 쉽게 생각하면 한 수를 여러번 더한다고 생각하면 된다. 저녁에 월요일날 가져갈 쿠키를 만들 계획이다.

(2편)에 계속~!!!

별찬이가 기발한 생각을 해내었구나~!!
또, 곱셈의 이쯤까지 알아내다니 대단해요~♡

www.askwhy.co.kr

2장
생각을 깨우는 창의사고력 수학일기

저울을 이용해 연산을 배우자

〈교과서 찾아보기〉
- 3학년 1학기 2. 덧셈과 뺄셈
- 3학년 2학기 1. 덧셈과 뺄셈

〈창의사고력 수학〉
- 받아올림을 빨리 할 수 있는 방법
- 덧셈을 실수하지 않고 정확하게 할 수 있는 방법
- 셋 이상의 수들을 빨리 더하는 방법

안녕, 친구들. 나는 민아라고 해, 강민아. 부산에서 살고, 3학년이야. 내가 수학 캠프를 찾은 건 수학을 잘하고 싶어서야. 나는 수학이 싫지는 않지만, 아주 잘하지는 못해. 백점을 맞은 적도 있고, 실수를 해서 아깝게 틀린 적도 있어.

너희도 덧셈 뺄셈을 할 줄 알지? 손가락만 있으면 누구나 간단한 덧셈 뺄셈은 할 수 있을 거야. 하지만 누구나 덧셈 뺄셈하다가 실수한 적도 있을 거야. 시험 문제를 다 풀어놓고 마지막에 덧셈 뺄셈을 잘못해서 틀린 경우도 있지? 나도 여러 번 그랬어. 아는 문제인데 틀리니까 너무 속상하고 안타까워서 눈물이 주룩주룩 쏟아졌지.

난 이런 고민 때문에 수학 캠프를 찾았어. 신나라 선생님이 그런 내 고민을 듣고는 고개를 끄덕이시더라. 수학이 너무 좋아서 문제를 풀다가 밥 먹는 것도 잊어버리셨다는 신나라 선생님도 초등학교 때 그런 실수를 가끔 하셨다고 해. 그 말을 듣자, 나는 솔직히 마음이 조금 놓였어. 나만 못난 게 아니니까.

"너무 걱정하지 마. 받아올림, 받아내림, 셋 이상 수들의 덧셈과 뺄셈을 눈 깜짝할 새에 할 수 있는 방법을 알려 줄게. 너의 고민을 한 방에 해결해 줄 수 있어. 약속해!"

"우와! 정말요?"

난 신이 나서 방방 뜨고 싶었어.

"그런데 먼저 선생님이랑 약속할 게 있어."

신나라 선생님이 새끼손가락을 내밀며 말씀하셨어.

"무슨 약속요?"

"네 고민을 해결해 주면 앞으로 수학일기를 열심히 쓰겠다고 약속해."

"그 정도야 어렵지 않아요. 수학에서 더 이상 실수를 하지 않는다면 수학일기 쓰는 건 아무 일도 아니에요. 일기 쓰는 것조차 무척 신날 것 같아요. 신, 나, 라, 선생님."

그리고 오늘 내 고민, 아니 우리들의 고민을 해결해 줄 수업이 시작되었지.

8+4+3+5+7+2+6+3+1+4= ☐

42+73+27+50+62+38+58= ☐

선생님은 칠판에 이렇게 쓰시고는 우리에게 물었어.

"답을 아는 사람?"

우리는 동시에 "네?" 하고 소리를 내질렀어. 저렇게 여러 수들을 한 번에 계산할 수 있는 사람은 아인슈타인 빼고는 없을 거야. 그런데 신나라 선생님은 또 한 번 우리를 어처구니없게 만드셨어.

"이렇게 쉬운 문제를 풀 친구가 한 명도 없다는 거야?"
"저게 쉬운 문제예요? 세상에서 제일 어려운 문제 같은데요?"
앞에 앉은 내가 대답했어.
"맞아요! 전자계산기가 있다면 또 몰라도!"
내 뒤에서 누군가 또 말했지.
신나라 선생님은 어깨를 으쓱하고는 "으하하하!" 하고 크게 웃으셨어. 그리고 갑자기 진열장에서 저울을 꺼내 오셨어.
"지금 너희에게 필요한 건 전자계산기가 아니라 양팔 저울이야."
양팔 저울로 뭘 하시려는 걸까? 덧셈을 재기라도 하려는 걸까? 덧셈을 재는 저울이 있다는 말은 처음 들어 보는데? 우리는 모두 머리를 갸우뚱하면서 신나라 선생님을 바라보았어.

첫 번째 미션

저울추를 이용하면 최대 몇 g까지 잴 수 있을까?

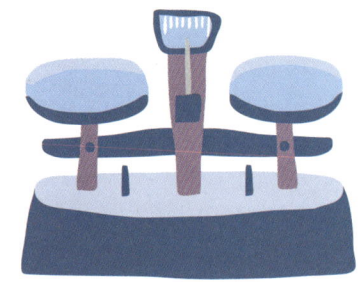
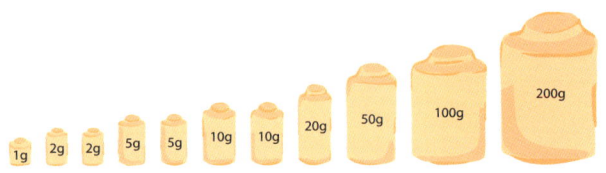

"저울추는 오른쪽 접시에만 올려놓을 수 있어. 저울추를 모두 이용하면 최대 몇 g까지 잴 수 있을까?"

우리는 먼저 가장 가벼운 1g짜리 저울추를 올려놓았어. 윗접시저울은 순식간에 오른쪽으로 기울어 버렸지. 그래도 계속해서 2g, 2g, 5g, 5g 순서로 11개의 저울추를 모두 오른쪽 접시에 올려놓았어.

"윗접시저울로 무게를 재려면 양쪽이 수평을 이루어야 해. 이제 왼쪽의 빈 접시에 몇 g의 물체를 올려놓으면 수평이 될까?"

"저울추의 무게를 모두 더한 만큼요!"

우리는 저울추에 쓰인 숫자들을 큰 수부터 차례로 더했어. 그렇게 계산하는 게 훨씬 빠르거든.

200+100+50+20+10+10+5+2+2+1=☐

"선생님, 405g이에요!"

이렇게 우리는 첫 번째 미션을 어렵지 않게 통과했어.

두 번째 미션

수평을 이루도록 하려면 어떻게 해야 할까?

"왼쪽 접시에 다음 표에 적힌 무게만큼 사탕을 올려놓았어. 이때 저울이 수평을 이루도록 하려면 오른쪽 접시에 어떤 저울추를 올려놓아야 할까? 가능한 경우를 모두 찾아봐."

왼쪽 접시	오른쪽 접시
3g	1g+2g
5g	1g+2g+2g, 5g
8g	1g+2g+5g
9g	
10g	
13g	
15g	
50g	
100g	
269g	

우리는 끙끙거리면서 이 저울추도 올려 보고, 저 저울추도 올려 보았어. 그러다가 나는 신나라 선생님을 흘끔 쳐다보았지. 선생님은 고개를 저으며 그게 아니라는 표정을 지으셨어. 그때 나는 알았어. 양팔 저울은 무게를 재기 위해 필요한 게 아니라, 덧셈을 하기 위해 필요한 것임을 눈치챘지. 그래서 나는 저울추를 보면서 하나씩 덧셈을 해 보았어. 그러자 쉽게 문제를 풀 수 있었어.

정답

9 = 2+2+5

10 = 10, 5+5, 1+2+2+5

13 = 1+2+10, 1+2+5+5

15 = 5+10, 1+2+2+5+5,

50 = 50, 5+5+10+10+20, 1+2+2+5+10+20

100 = 100, 5+5+10+10+20+50,
1+2+2+5+10+10+20+50

269 = 2+2+5+10+50+200

10과 50을 만들려면 어떻게 해야 할까?

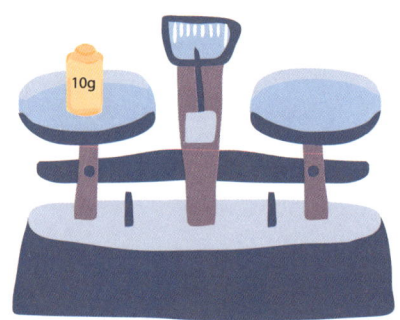

"왼쪽 접시에 10g의 저울추를 올려놓아서 저울이 한쪽으로 기울어져 있어. 이때 저울이 수평을 이루도록 하려면 어떻게 해야 할까? 1g에서 9g의 저울추들 중 세 개만 오른쪽 접시에 올려놓을 수 있어. 가능한 경우를 모두 찾아봐. 단, 저울추는 충분히 많아. 무한하다고 생각해도 되니까 개수에 관계없이 무게를 찾아보도록 해."

"꼭 세 개의 저울추만 사용해야 해요?"

"그래, 꼭 세 개만 사용하도록 해."

역시 어렵지 않은 문제였어.

우리는 한 명씩 차례대로 문제를 풀었어.

$$10(g) = 8+1+1$$
$$= 7+2+1$$
$$= 6+3+1 = 6+2+2$$
$$= 5+4+1 = 5+3+2$$
$$= 4+4+2 = 4+3+3$$

우리가 문제를 풀자 선생님은 활짝 웃으시면서 이렇게 설명했어.

"잘했구나. 이제부터 너희는 두 자릿수, 세 자릿수 덧셈을 보다 쉽게 할 수 있을 거야. 너희는 10의 보수를 이용하는 방법을 익혔으니까."

우리는 자신도 모르는 사이에 연산 능력이 점점 좋아지고 있었던 거야.

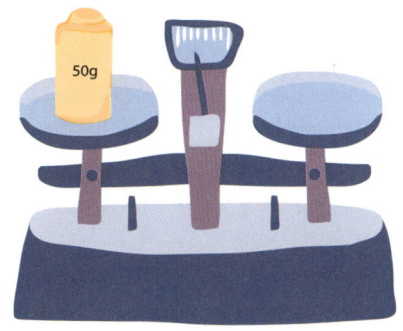

"이번에는 50g을 왼쪽 접시 위에 올려놓았어. 오른쪽 접시에 저울추 두 개를 놓아 수평이 되도록 만들어 봐. 또 저울추 세 개를 놓아 수

평을 만들어 봐. 이번엔 모든 질량의 저울추를 사용할 수 있어. 가능한 경우를 많이 찾을수록 연산 능력이 뛰어난 사람이야."

```
50 = 1+49 = 2+48 = 3+47 = 4+46 = 5+45 …
   = 10+40 = 11+39 = 12+38 …
50 = 1+1+48 = 1+2+47 = 1+3+46 = 1+4+45 …
   = 6+6+38 = 6+7+37 …
```

100을 만들려면 어떻게 해야 할까?

신나라 선생님이 커다란 사탕 통을 들고 오셨어. 그 안에는 여러 종류의 사탕들이 들어 있었어. 크기도 다르고, 색깔도 달랐지.

사탕을 보기만 해도 입안에 군침이 돌았어.

커다란 사탕을 깨물어 먹으면 입안 가득 달콤한 맛이 번질 거라는 상상만 해도 행복해졌어.

"이번 미션을 잘 끝내는 친구에게는 상으로 사탕을 주겠어. 반대로, 미션을 못 마치는 친구는 사탕을 먹는 친구 바로 앞에 서서 구경하도록 하겠어."

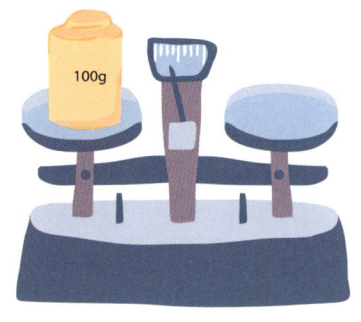

신나라 선생님은 왼쪽 접시에 100g의 저울추를 올려놓고 말씀하셨어.

"사탕 두 개를 오른쪽 접시에 올려서 저울이 수평을 이루도록 만드는 방법을 찾아. 또 사탕 세 개를 오른쪽 접시에 올려 수평을 이루도록 만드는 방법도 찾아봐."

$$100 = 10+90 = 11+89$$
$$= 20+80 = 21+79 \cdots$$
$$100 = 10+40+50 = 10+11+79$$
$$= 10+22+68 = 23+27+50 \cdots$$

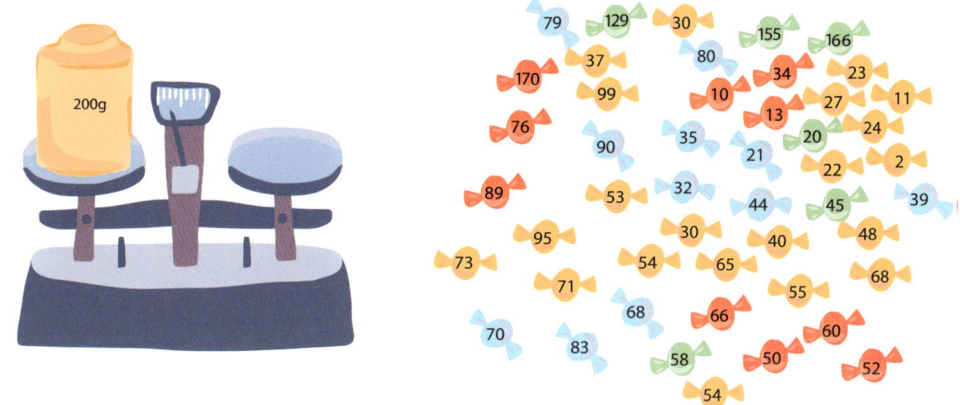

"다들 잘 해낸 걸 보니 쉬운 문제였나 보군. 이번에는 200g의 저울추에 맞춰서 사탕을 올려놔 봐. 하지만 조건이 있어."

신나라 선생님은 또 다른 사탕들을 책상 위에 펼쳐 놓으셨어. 사탕마다 무게가 쓰여 있었어.

"이 사탕들 중에서만 골라야 해. 200g과 수평을 이루도록 사탕 두 개나 사탕 세 개를 올려놔야 해."

$$200 = 166+34 = 166+11+23 = 170+30$$
$$= 170+10+20 = 155+45 = 155+21+24$$
$$= 155+11+34 = 129+71 = 129+11+60 \cdots$$

여러 수들의 합을 보수로 구해 보자

신나라 선생님은 흐뭇한 얼굴로 우리를 바라보며 고개를 끄덕이셨어. 마치 우리가 무척 많은 것을 알게 돼서 기특하다는 표정이었어. 우리는 입안 가득 커다란 사탕을 넣은 채 달콤한 맛을 즐기고 있었는데도 말이야.

"이번이 마지막 미션이야."

신나라 선생님이 입을 여셨어. 우리는 순간 긴장했어.

"너희는 잘 모르겠지만, 지금까지 양팔 저울로 많은 덧셈을 해 보았고, 받아올림이 있는 세 수 이상의 합도 아주 쉽게 구할 수 있는 능력도 생겼어. 너희는 지금까지 10, 50, 100, 200의 보수 관계를 이용해 두 수의 합, 세 수의 합을 구한 거야. 이제 너희는 합을 구하는 여러 방법을 알게 되었어."

내가 그렇게까지 실력이 좋아진 걸까? 믿을 수 없었어. 신나라 선생님은 마지막 문제를 내셨어. 그건 바로 오늘 수업을 시작할 때 선생님이 내셨던 바로 그 어려운 문제였어.

$$8+4+3+5+7+2+6+3+1+4=\square$$
$$42+73+27+50+62+38+58=\square$$

"눈을 크게 뜨고 가만히 바라봐. 답이 보일 거야. 수들이 서로 손을 잡으면서 결혼을 할 거야."

나는 선생님이 무슨 말을 하는지 몰랐어. 그런데 참으로 놀라운 일이 일어났어.

"보인다! 보여!"

"수가 보인다! 답이 보인다!"

우리들은 너도나도 감탄을 터트렸어.

$$8+4+3+5+7+2+6+3+1+4=30+4+3+5+1=43$$

"8과 2를 더하고, 7과 3을 더하고, 6과 4를 더하고…… 그러니까 30+4+3+5+1=43. 답은 43이에요!"

나는 종이에 쓰지도 않고 답을 계산해 냈어. 그리고 얼른 두 번째 문제에 도전했어.

$42 + 73 + 27 + 50 + 62 + 38 + 58 = 100 + 100 + 100 + 50 = 350$

"42와 58을 더하고, 73과 27을 더하고, 62와 38을 더하니까 100+100+100+50=350. 답은 350이에요!"

나는 이번에도 역시 종이에 풀어 보지도 않고 계산을 해냈어.

"와우! 대단하구나! 역시 오늘 수업은 완벽했어!"

신나라 선생님이 손뼉을 치면서 칭찬을 해 주셨어.

나는 그동안 간단한 연산도 왜 자꾸 틀렸는지 그 이유를 알게 되었다. 그건 바로 원리와 개념을 제대로 이해하지 않았기 때문이었어.

원리와 개념을 알면 연산의 비밀이 보여.

아, 이제는 수학이 너무 재미있게 느껴져서 행복해.

 **파이널 미션**

세 자릿수의 합을 보수로 구해 보자

273+826+727+453+174+47=☐

427+343+232+506+368+321+474=☐

427+343+232+506+368+321+474=770+600+980+321=2671
  770   600   980

273+826+727+453+174+47=1000+1000+500=2500
  1000   1000 500

풀이와 정답

강민아의 수학일기 ☐년 ☐월 ☐일

저울을 이용한 덧셈 탐구

강민아 (부산, 위봉초등학교 3학년)

- 안녕! 친구야, 또 만났구나.
- 오늘은 어떤 공부 할 거야?
- 응, 저울을 이용해 덧셈 탐구를 해 보자.
- 우와!

- 먼저 왼쪽 접시에 10g을 올려놓고 오른쪽 접시에 1g~9g까지의 수로 채우자.
- 와우!

$$10 = 5+4+1$$
$$= 6+3+1$$
$$= 1+1+8$$
$$= 2+1+7$$
$$= 2+3+5$$

- 사탕 속에서 10g을 찾아보자.

- 다 찾았니?
- 아니, 너무 어려워.
- 답은 $3+3+4 = 4+4+2 = 2+2+6 \cdots$ 난 이정도야.
- 헉! 졌다.

너무 어려워.

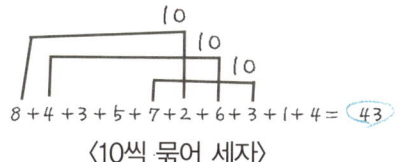
〈10씩 묶어 세자〉

 이번엔 합을 구해 보자.

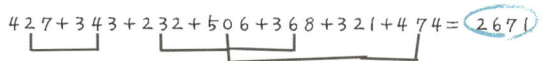
〈뒷자리를 0으로 만들자〉

 자, 오늘 뭘 배웠지?

이것도 풀라고?

 저울추와 여러 수들의 합을 쉽게 구하는 비법을 알게 됐어!

친구들아, 저울추를 이용해 덧셈을 연구해 봐. 아주 효과적이야.

 선생님의 한마디

　　　　　　　　민아는 저울을 이용한 덧셈 탐구에서 한 개의 수를 보다 작은 여러 개의 수의 합으로 나타내면서 효과적인 덧셈 방법을 스스로 탐구했구나. 그리고 새의 대화 내용을 만화로 재미있게 구성해서 일기를 썼구나. 만화를 그리면서 네가 배운 내용을 충분히 되새기며 정리하는 시간을 가졌지?

　민아는 수를 모으기와 가르기로 표현하면서 수의 특성을 이용해 합을 쉽게 구하는 방법을 잘 나타냈어. 자신이 알고 있는 내용에 대해 정확하게 표현하고, 어떻게 해결했는지 생각하는 과정도 잘 표현했어. 대단해!

　그런데 민아야, 한 가지 아쉬운 점이 있어. 이번 공부를 통해 수학적으로 어떤 점을 느끼고 어떤 내용에 대해 의문을 갖게 되었는지, 또 더 알고 싶은 것은 없는지 썼으면 더 좋았겠구나. 앞으로도 네가 생각하는 부분을 일기로 표현해 보렴. 수학적인 호기심과 탐구심이 점점 커질 거야.

　파이팅!

색종이 자르기로 문제 해결력을 키우자

〈교과서 찾아보기〉
- 3학년 2학기 8. 규칙 찾기

〈창의사고력 수학〉
- 규칙을 찾아 어려운 문제를 해결하는 방법
- 미리 예상하고 다시 확인해 문제를 해결하는 방법

"너희는 수학을 왜 배우는 것 같니?"

오늘 신나라 선생님은 갑자기 우리에게 이런 질문을 던지셨어. 나는 마음속으로 곰곰이 생각해 보았지만 마땅한 답이 떠오르지 않았어. 이제까지 한 번도 내가 왜 수학을 배워야 하는지 생각해 보지 않았던 것 같아.

"시험을 잘 보려고요! 백점 맞으려고요!"

민아가 손을 들고 대답했어. 하지만 나는 민아의 대답이 답은 아닐 거라고 생각했어. 그렇게 쉬운 답이었으면 선생님은 질문을 하시지도 않았을 테니까.

"수학은 시험을 잘 보려고 배우는 게 아니야. 선생님한테 칭찬을 받으려고 배우는 것도 아니고, 좋은 대학에 가기 위해 배우는 것도 아니야. 그럼, 왜 수학을 배우는 걸까? 그건 바로 너희가 앞으로 세상을 살아가면서 어려운 문제들에 부딪혔을 때 창의적으로 해결할 수 있는 능력을 키우기 위해서야."

창의적으로 문제를 해결하기 위해서라고? 난 그 말이 너무 어렵게 느껴졌어. 선생님은 그런 내 마음을 꿰뚫어보기라도 하신 듯 다시 설명하시기 시작했어.

"너희는 지금까지 수학 문제의 답은 하나만 있다고 생각했을 거야. 하지만 실제로 수학 문제의 답이 여러 개일 수 있어. 또 문제를 푸는 방법도 여러 가지야. 너희는 지금까지 문제를 풀려고 도전했다가 답이 틀리면 대부분 포기하고 말았을 거야. 하지만 문제 푸는 방법은 하나가 아니고, 답도 하나가 아니야. 다른 방법으로도 얼마든지 문제를 풀 수 있어."

신나라 선생님의 시선이 나와 마주쳤어. 선생님의 눈동자가 반짝반짝 빛났어.

"수학 문제를 잘 푸는 능력은 뭘까? 연산을 잘하는 것도 아니고, 머리가 똑똑한 것도 아니야. 바로 반드시 풀고 말겠다는 긍정적인 마음이지. '난 이런 문제를 못 풀어!', '한 번 해 봤는데 안 되는걸 뭐!' 하는 부정적인 마음을 버리고, '언젠가는 내 방식대로 꼭 풀고 말 거야!' 하는 긍정적이고 자신감에 가득 찬 마음이 필요해."

"그런데 선생님, 저는 지금까지 답이 여러 개인 수학 문제는 본 적도 없어요. 아, 한 번 있는데요, 그건 담임선생님이 잘못 낸 시험 문제였어요!"

수인이라는 친구가 말하자, 모두들 와르르 웃었어. 친구들은 수인이가 질문을 참 잘했다는 표정을 지었어. 나도 그런 궁금증이 있었으니까.

신나라 선생님은 부드럽게 웃으며 우리를 바라보았어.

"이제부터 너희에게 그런 문제를 보여 줄 거야. 내가 딱딱해진 너희의 두뇌를 말랑말랑하게 만들어 줄 거야. 그래서 창의적으로 문제를 해결하는 능력을 키워 줄 테니 기대해. 창의적 문제 해결 능력이야말로 수학을 배우는 진정한 재미이자, 행복한 맛이라고 할 수 있지. 으하하하하!"

신나라 선생님은 목젖이 보일 만큼 크게 웃고는 양손을 허리에 올린 채 자신만만한 표정으로 우리를 바라보았어. 오늘 수업은 대체 어떤 내용이 펼쳐질까? 나는 궁금해서 엉덩이가 들썩거릴 정도였어.

참, 내 이름은 김채연이야. 수원에서 왔고, 3학년이야. 내 취미는 조각 맞추기야. 나무 조각, 플라스틱 조각, 그림 조각 등 조각이라면 뭐든지 잘 맞춰. 잘게 나눠진 조각들을 맞추다가 보면 시간 가는 줄 모르겠어. 우리 아빠도, 엄마도, 사촌 언니도 내 실력을 따라오지 못해. 세계 조각 퍼즐 맞추기 대회가 있다면 나가고 싶을 정도야.

나는 수학 캠프에 올 때 배낭에 그림 조각 퍼즐을 넣고 왔어. 하루에 한 번은 꼭 퍼즐을 맞춰야 직성이 풀리거든. 그런데 우훗! 신나라 선생님이 말한 창의사고력 수학 문제가 뭔지 아니? 바로바로!

첫 번째 미션
몇 개의 조각으로 나눌 수 있을지 예상해 보자

선생님은 우리에게 색종이와 가위를 나눠 주셨어. '이걸로 뭘 하려는 걸까?' 하고 우리는 어리둥절한 표정을 지었지. 수학 시간에 종이접기를 하려는 건 아닐 텐데?

"지금부터 색종이 한 장을 가장 많은 조각으로 나눠 보는 거야. 단, 조건이 있어. 반드시 직선 10개로 잘라야 해. 색종이에 직선으로 선을 그은 다음에 가위로 잘라 봐."

난 이것도 수학일까, 하는 의심이 들었지만, 어쨌든 해 보기로 했어. 그때 선생님이 "아참!" 하고 소리를 질렀어.

이번엔 이걸로 재미있게 놀아 보자!

"너희는 몇 조각이나 만들 수 있을 것 같니?"

"음, 11조각요."

"36조각요."

"난 50조각."

"난 100조각요!"

아이들은 생각나는 대로 마구 이야기했어.

"그러면 색종이를 최대한 많은 조각으로 나누려면 어떻게 나눠야 할까?"

민아가 손을 번쩍 들었어.

"직선을 모두 나란하게 해서 서로 만나지 않게 그리는 거예요. 그리고 그 직선을 따라 색종이를 나누면 조각이 많이 나올 것 같은데요."

"또 다른 생각을 가진 친구는?"

"저는 직선을 가로로 5개, 세로로 5개씩 그려서요, 그 직선을 따라 색종이를 나누면 조각이 많이 생길 것 같아요."

"저는 직선을 모두 한곳에서 만나게 하면 조각이 많이 생길 것 같아요."

아이들은 서로 다른 의견을 쏟아 냈어.

두 번째 미션
직선으로 가장 많이 만들 수 있는 조각은 몇 개일까?

"그러면 한번 도전해 볼까?"

선생님의 말씀에 우리는 색종이를 자르기 시작했어. 내 옆에 앉은 민아는 직선으로 나란하게 잘랐어.

"모두 11조각이 나왔네."

그 옆에 앉은 수인이는 바둑판처럼 직선을 가로로 5개, 세로로 5개씩 잘랐어. 그러자…….

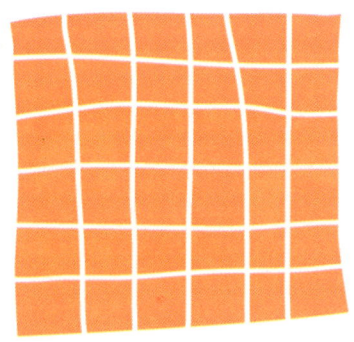

"36조각이 나왔다. 내가 민아보다 훨씬 많이 나왔지?"

수인이는 혀를 쏙 내밀며 민아를 놀렸어. 나는 곰곰이 생각했어. 36조각보다 훨씬 많이 나오게 할 수 있을 것 같았어. 나는 머릿속으로 색종이 위에 직선을 이렇게도 그어 보고 저렇게도 그어 보았지. 그러다가 번쩍 떠오르는 생각이 있었어.

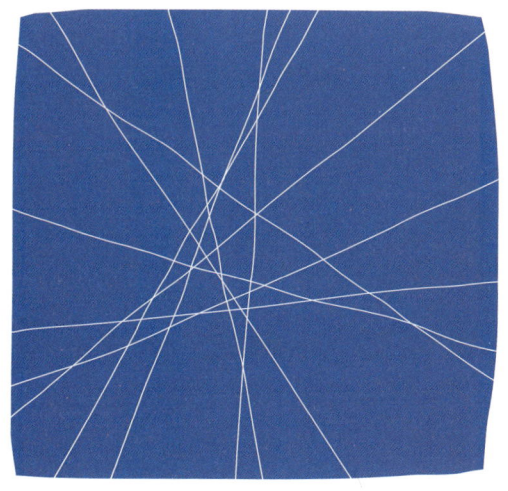

"1개, 2개, 3개, 4개……."

나는 색종이를 자르고 난 뒤, 책상 위에 떨어진 조각들을 하나씩 세기 시작했어.

"45개, 46개, 47개……."

"우와!"

친구들이 내 주위로 몰려와 구경하면서 감탄을 터트렸어. 선생님도 어느새 내 곁에 와서 흥미롭다는 표정을 지으며 구경을 하셨어.

"54개, 55개, 56개. 저는 56개의 조각을 만들어 냈어요!"

"채연아, 대단해. 정말 대단해!"

선생님과 아이들이 손뼉을 쳐 주었어.

"선생님, 그런데 또 다른 방법도 생각났어요."

나는 또 한 장의 색종이를 자르기 시작했어.

"와우! 이번에도 성공했네!"

신나라 선생님이 나를 보고 손뼉을 짝짝 치셨어. 그런데 나는 56개 이상 못 만드는 게 아쉬웠어. 더 많은 조각으로 만들 수는 없을까?

세 번째 미션
최대 조각을 만드는 원리를 찾아보자

"지금까지 세상의 어떤 수학자도 56개 넘는 조각을 만들지는 못했어. 직선 10개로 색종이를 나눌 수 있는 최대 조각의 수는 56개야. 만약 너희가 56개 이상을 만들어 낸다면, 너희는 바로 세계 최고의 수학자가 되는 거지."

신나라 선생님이 말씀하셨어. 우리는 '아하' 하고 고개를 끄덕였어.

"그러면 채연이가 세계 최고의 수준이라는 거네요?"

"맞아! 채연이는 어린이 수학자인가 봐."

친구들의 칭찬에 나는 수줍어서 고개를 들 수 없었어. 사실 나는 수학을 잘하지는 못하고, 조각 퍼즐을 잘 맞추는 능력밖에는 없는데 말이야.

"채연아, 56개 조각을 나누는 원리를 친구들에게 설명해 줄 수 있겠니?"

신나라 선생님이 내게 물으셨어. 나는 떨리는 마음으로 친구들 앞에 나섰어.

"직선 1개로 색종이를 나누는 방법은 다음처럼 1가지 경우예요. 이때 나누어진 조각의 수는 2개뿐이에요.

그리고 직선 2개로 색종이를 나눌 수 있는 경우는 2가지예요.

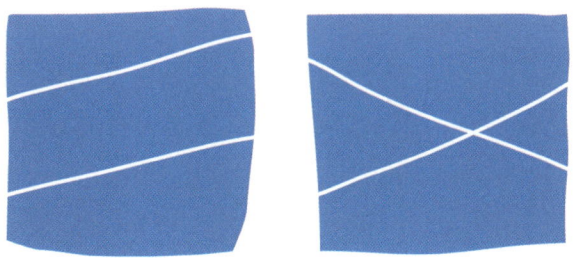

두 직선이 만나지 않을 때는 3개, 두 직선이 한 점에 만날 때는 4개예요. 두 직선이 한 점에서 만날 때 최대 조각의 수가 나온다는 걸 나는 이때 알았어요.

직선 3개로 색종이를 나눌 수 있는 경우도 여러 가지예요. 하지만 최대 조각의 수가 나오도록 하려면 두 직선이 한 점에서 만나도록 해야 해요. 이렇게 나누면 7개의 조각이 나와요. 이 방법을 이용해서 계속 조각을 나눴어요."

"잘했구나. 여기부터는 선생님이 설명할게. 조금 어려우니까 말이야. 우리는 이 문제에서 어떤 수학 원리를 발견할 수 있어. 직선이 1개씩 늘어날 때마다 그 조각의 수가 1개, 2개, 3개가 늘어나고, 늘어난 조각의 수는 직선의 수와 같다는 규칙을 발견할 수 있어. 음…… 무슨 말인지 잘 모르겠다고? 예를 들어 볼 테니 잘 봐.

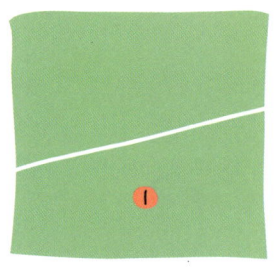 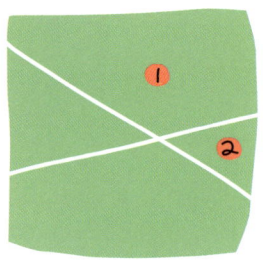 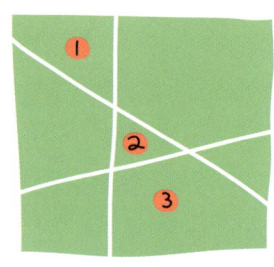

직선 1개로 나눌 때　　직선 2개로 나눌 때　　직선 3개로 나눌 때
조각의 수는 2개　　　　조각의 수는 4개　　　　조각의 수는 7개

직선이 4개이면 조각의 수는 몇 개가 늘어날까? 그렇지! 4개가 더 늘어나지. 늘어난 조각의 수만큼 직선의 수는 같으니까. 직선이 5개이면 조각의 수는 5개가 더 늘어나고, 직선이 6개이면 조각의 수는 6개가 더 늘어나.

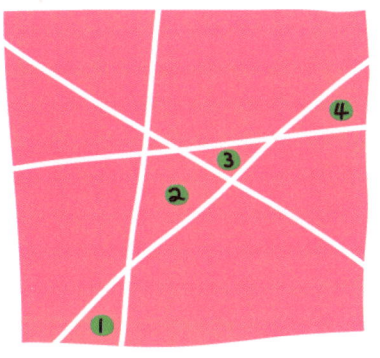

직선 4개로 나눌 때 조각의 수는 11개

그러면 우리는 이 문제에서 새로운 규칙을 찾을 수 있어. 우리가 발견한 이 규칙으로 표를 만들어 보자.

직선의 수(개)	1	2	3	4	5	6	7	8	9	10
조각의 수(개)	2	4	7	11	16	22	29	37	46	56

+2 +3 +4 +5 +6 +7 +8 +9 +10

이 규칙을 이용해 표를 만들어 보면 이렇게 돼. 우리는 이 표를 통해서 직선을 그었을 때 최대 몇 개의 조각이 나올 수 있는지 미리 예측할 수 있어. 규칙을 통해 예측하는 능력! 이것이 바로 진짜 수학이야."

아이들은 모두 선생님의 말씀을 듣고 고개를 끄덕였어.

신나라 선생님의 얼굴에 밝은 미소가 번졌지. 내 마음에는 창의사고력의 싹이 자라는 것 같았어.

파이널 미션

다음 직선으로 만들 수 있는 최대 조각은 몇 개일까?

직선 11개

직선 12개

풀이와 정답

직선 11개 : 56+11=67(개)
직선 12개 : 67+12=79(개)

김채연의 수학일기 ☐년 ☐월 ☐일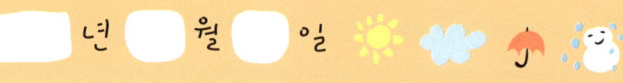

색종이로 문제 해결하기

김채연(수원, 천일초등학교 3학년)

오늘은 큰 문제를 해결하는 법을 배웠는데, '색종이 한 장을 10개의 직선으로 가장 많은 조각의 개수가 나오도록 나눈다.'는 것이었다.

처음에 재미있겠다고 생각했지만 막상 해 보니 어려웠다. 포기하지 않고 계속했지만 풀리지는 않고 더 어려워졌다.

나는 이 문제를 잘 풀 수 있는 비법 중 하나가 평행하지 않게 하는 게 제일 옳다고 생각한다.

내가 알아낸 문제 해결 전략을 정리해 보면 이렇다.

1. 직선 1개로 색종이를 나눌 때의 그림을 그려 최대 조각 수를 알아본다.
2. 직선 2, 3, ……으로 최대 조각 수를 알아본다.
3. 어떤 방법으로 직선을 그려야 조각의 수가 최대가 되는지 알아낸다.
4. 위에서 알아낸 방법으로 색종이를 나눌 때, 직선의 수가 늘어날 때마다 조각의 수는 어떻게 변하는지 규칙을 찾아본다.
5. 찾은 규칙을 적용해 직선 10개를 사용할 때의 조각 수를 구한다.

일기장에 이것을 정리해 두는 이유는 나만의 수학 비법이기 때문이다. 이 문제는 어렵기 때문에 더욱 자세히 적어 두어야 한다.

난 나중에 선생님이 되는 게 꿈이다. 그래서 나중에 내가 쓴 일기장을 보며 아이들에게도 똑같이 가르쳐 줄 것이다. 나는 그런 재미를 안고 수학 책을 보았다.

그런데 마침 내 동생이 친구랑 노는데 심심해 하는 것이었다. 그래서 나는 배운 걸 써먹으려고 색종이를 10개의 선으로 많은 조각으로 만들어 보라고 했다. 애들은 40개까지밖에 못 만들었다. 내가 답을 알려 주니 아주 신기해 했다.

내 동생 친구는 집에 가서 누나에게도 해 보라고 해야겠다고 말했다.

그런데 궁금한 점이 있다. 이런 문제의 원리는 누가 만들었을까?

친구 들아, 수학일기를 쓰다 보면 문제 해결력이 커져.

선생님의 한마디

채연이는 색종이 한 장을 10개의 직선으로 나누었을 때 가장 많은 색종이 조각이 나오도록 하는 문제를 어떻게 해결하는지 일기로 썼구나.

문제 해결 과정이 어려웠지만, 채연이는 차근차근 해결하여 자신만의 수학 비법을 만들어 일기에 표현했어. 정말 좋은 방법들을 많이 생각해 냈고, 수업 시간에 해결한 문제를 활용해 동생들에게 다시 문제를 내어 동생들도 수학에 대한 호기심을 갖게 했구나. 아! 선생님은 감동 받았어.

앞으로 수업을 하면서 새롭게 알게 된 점이나 더 알고 싶은 것, 더 탐구하고 싶은 것에 대한 내용을 일기에 적도록 해. 그러면 더욱 훌륭한 일기가 될 거야. 또 수학일기를 쓸 때에는 문제 해결 과정을 그림으로 표현하거나 이야기, 시 같은 다양한 형식으로 써 봐. 창의사고력도 쑥쑥 키워질 거야.

툭붐 놀이로 수의 규칙을 익히자

〈교과서 찾아보기〉
- 3학년 1학기 2. 덧셈과 뺄셈
- 3학년 2학기 1. 덧셈과 뺄셈
- 3학년 2학기 8. 규칙 찾기

〈창의사고력 수학〉
- 주어진 수들의 합으로 만들 수 있는 모든 수 알아보기
- 수 배열표를 만들어 문제를 해결하는 방법
- 복잡한 계산을 수의 성질이나 규칙을 이용해 해결하는 방법

"꽃을 드립니다! 아주 아름다운 꽃을 공짜로 드립니다!"

점심을 먹고 난 후, 우리는 수학 캠프의 공원 한가운데로 걸어갔어. 캠프 한가운데에는 작은 분수가 시원하게 물을 뿜고 있고, 그 앞에 빨간 코의 피에로 아저씨가 꽃수레 앞에서 춤을 추고 있었어.

"공짜로 줘요? 이 꽃들을 다?"

나는 꽃을 좋아해. 원래 아름다운 여인은 꽃을 좋아한다잖아. 음하하하!

"물론이야. 빨간 장미도 공짜로 주고, 여기 하얀 백합도 공짜로 주지."

피에로 아저씨가 장미 한 다발과 백합 한 다발을 양손에 든 채 빙그르르 한 바퀴 돌았어. 향기로운 꽃향기가 우리의 콧속으로 흘러 들어왔어. 아, 엄마가 뿌리는 향수하고는 비교도 안 될 만큼 황홀한 향기였지.

아참, 내 소개가 늦었구나. 난 성연이야, 황성연. 원주에서 왔고 3학년이야.

"전 백합과 장미를 섞어서 주세요. 이만큼요!"

난 두 팔을 크게 벌렸어. 그런데 피에로 아저씨는 웃으면서 고개를 저었어.

"그런데 말이다. 꽃을 받으려면 퀴즈를 풀어야 해. 여기는 수학 캠

프니까."

"네? 이것도 미션이었어요?"

우리는 서로를 쳐다보며 혀를 쏙 내밀었어.

"내가 내는 퀴즈를 잘 들어 봐. 장미는 5송이씩, 백합은 8송이씩만 다발로 묶어 파는 꽃가게가 있어. 이 꽃가게에서 꽃을 사서 아는 사람들의 나이의 수대로 꽃을 선물하려고 해. 꽃을 다발째 선물하려고 하면, 꽃을 선물받을 수 없는 나이 중 가장 많은 나이는 몇 살일까?"

"꽥!"

난 비명을 질렀어.

"이게 무슨 소리지? 개구리가 밟히는 소리 같네?"

피에로 아저씨가 머리를 긁적이더니 고개를 갸웃거렸어.

"세상에서 그렇게 어려운 문제는 처음 들어 봐요! 우리 담임선생님, 아니 수학의 신이 와도 그런 문제는 못 풀걸요?"

나는 혀를 내밀었어.

피에로 아저씨는 우리를 놀리기라도 하는 것처럼 꽃다발을 양손에 들고 나비처럼 폴짝폴짝 우리 주변을 돌았어. 그러면서 노래를 부르기 시작했어.

"내가 낸 문제는 덧셈만 할 줄 알면 누구나 풀 수 있다네."

"정말요?"

"5와 8의 합으로 나타낼 수 있는 수만 알아낸다면 간단히 풀 수 있는 문제라네."

"5와 8의 합?"

난 덧셈이 아니라 곱셈, 나눗셈도 할 줄 알지만, 피에로 아저씨가 낸 문제는 절대로 풀 수 없었어. 그건 나뿐만 아니라 다른 친구들도 마찬가지였어. 어느 누구도 대답을 하지 못했으니까.

"아, 저 장미와 백합을 내 품에 안을 수만 있다면! 내가 백설공주처럼 아름다워 보일 텐데!"

나는 한숨을 푹 쉬었어.

"너희들, 여기서 뭐 하고 있는 거니?"

등 뒤에서 들리는 목소리에 우리는 고개를 돌렸어. 신나라 선생님이 미소를 짓고 계셨어.

"선생님! 피에로 아저씨가 내는 문제를 풀어 보세요. 그러면 저 꽃다발을 공짜로 준대요."

우리는 신나라 선생님한테 몰려가 떼를 썼어.

"아하, 너희가 피에로 아저씨랑 내기를 하는 모양이구나. 난 답을 알지만 선생님이 대신 풀어 주면 안 돼. 너희가 스스로 풀어야 꽃을 받을 수 있어."

"그러면 문제 푸는 방법이라도 알려 주세요."

"좋아. 이 문제를 풀려면 두 가지 수의 합을 이용해 다른 수를 표현하는 방법을 알아야 해. 이런 문제는 수 배열표를 이용하면 간단하게 해결할 수 있어."

"아까 피에로 아저씨가 그랬는데, 5와 8의 합으로 나타낼 수 있는 수만 알아낸다면 간단히 풀 수 있는 문제라고 했어요."

나는 힌트를 기억해 내서 선생님께 말씀드렸어.

"예를 들어 4와 5의 합으로 나타낼 수 있는 모든 수를 찾는 경우, 4씩 배열된 수 배열을 그려 보는 거야. 이때 4와 4 아래에 배열되어 있는 수는 4씩 더해 만들어지는 수잖아. 그러니까 이 수들은 4의 합으로 나타낼 수 있는 수들이야."

"5까지 사용하여 합으로 나타낼 수 있는 수를 모두 찾아볼까? 먼저 5부터 시작해서 5 하나와 4의 합을 살펴봐. 표를 그려서 찾아보면 이렇게 나오겠지."

"같은 방법으로 5 두 개와 4의 합, 5 세 개와 4의 합 등을 계속 찾아 표의 각 줄에 표시를 해. 그렇게 하면 5와 4의 합으로 나타낼 수 있는 수를 모두 찾을 수 있어."

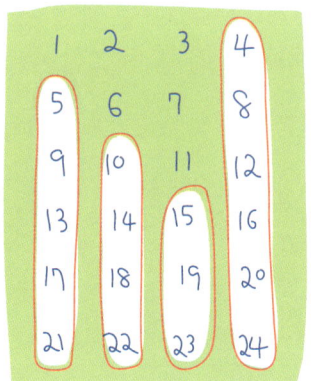

"아하! 이제 조금 알 것 같아요!"

우리는 고개를 끄덕였어.

"그런데 선생님, 우리가 이런 걸 왜 배워야 해요?"

누군가 물었어.

"너희 중에 덧셈 뺄셈을 못하는 사람은 없을 거야. 하지만 덧셈과 뺄셈에 대한 개념을 바르고 정확하게 이해하고 있는 사람은 드물어. 계산만 잘하고 빨리하면 된다고 생각하겠지만, 그게 아니야. 고학년으로 올라갈수록 다양한 계산 법칙을 이해해야 하는데, 계산만 잘해서는 이해할 수가 없어. 이해를 못 하니까 무조건 공식만 외우려고 하는 거지."

선생님께서 진지한 얼굴로 우리를 둘러보셨어.

"두 수의 합을 이용해 만들 수 있는 수를 찾는 연습을 하다 보면, 수의 성질이나 규칙을 알 수 있게 돼. 너희는 앞으로 복잡한 계산 문제를 수의 성질이나 규칙을 이용해 해결할 수 있을 거야."

선생님의 말씀이 무슨 뜻인지 나는 잘 이해하지 못했지만, 내가 지금까지 배워 온 문제 푸는 방법과는 전혀 다른 방법인 건 분명했어. 나는 점점 호기심으로 마음이 달아올랐어.

3과 7의 합으로 나타낼 수 없는 수 알아보기

"미래의 꼬마 수학자들, 이제 내가 첫 번째 미션을 낼 테니까 잘 들어 봐. 두 수의 합으로 나타낼 수 있는 수가 있고, 없는 수가 있어. 16, 17, 45를 3과 7의 합으로 나타내 봐."

우리는 풀밭에 나란히 앉아서 어깨에 메고 있던 가방에서 공책과 연필을 꺼냈어. 그리고 공책에 수를 차례대로 써 보기 시작했어. 처음이라 그런지 쉽지 않았어.

"내가 하는 걸 잘 봐."

신나라 선생님이 공책에 수를 쓰시기 시작했어.

17=7+3+7

"아, 그렇게 하는 거구나! 쉽네, 쉬워!"

우리는 14에 도전했어. 그런데 아무리 해도 14는 3과 7의 합으로 나타낼 수 없었어. 결국 나는 이렇게 썼지.

$$14=7+3+4$$

"그래, 맞아. 14는 3과 7의 합으로 나타낼 수 없는 수야. 그러면 45는?"
선생님의 질문에 내 머릿속으로 번뜩 떠오르는 생각이 있었어.
"45는 3×15예요! 그러니까 3을 15번 더하면 돼요!"

$$45=3+3+3+3+3+3+3+3+3+3+3+3+3+3+3$$

"황성연, 잘했어! 45도 3과 7의 합으로 표현할 수 있는 수야. 한방에 알아내다니 대단해!"
선생님의 칭찬에 나는 기분이 우쭐해졌어.
선생님은 다시 6개의 수를 공책에 적어서 우리에게 보여 주셨어.

$$64 \quad 11 \quad 100 \quad 8 \quad 19 \quad 13$$

"이 수들 중에서 3과 7의 합으로 표현할 수 없는 수를 모두 구해 봐."
내 옆에 앉은 준서가 한숨을 내쉬었어.

"휴, 이걸 언제 다 더해 보지?"

"머리를 써 보자. 아까 내가 한 것처럼 쉽게 풀 수 있는 방법이 있을 거야. 설마 선생님이 우리한테 덧셈 훈련을 시키려고 이 문제를 내셨겠어?"

말은 그렇게 했지만, 나도 뾰족한 방법이 쉽게 떠오르지 않았어. 다른 친구들은 길고도 긴 덧셈을 하느라 종이 한 장을 가득 채우고 있었어. 분명히 미련한 짓일 텐데 말이야. 머리를 쥐어뜯으며 고민하는 나를 향해 선생님이 어깨 너머로 힌트를 던지셨어.

"3+7은 뭘까?"

'3+7=10인데? 아, 그렇지! 3+7=10을 이용하면 이 문제를 쉽게 해결할 수 있어! 그렇다면?'

$$64=50+14$$
$$=10+10+10+10+10+14$$
$$=3+7+3+7+3+7+3+7+3+7+7+7$$

"풀었어요!"

내가 소리를 지르자, 친구들이 내 공책을 보려고 몰려들었어.

"황성연, 또 해냈구나. 64는 3과 7의 합으로 표현할 수 있어."

다음은 100을 풀 차례였어. 나는 수를 보자마자 소리쳤지.

"100도 풀었어요! 100=10×10이니까 표현할 수 있어요!"

> 100=10+10+10+10+10+10+10+10+10+10
> =3+7+3+7+3+7+3+7+3+7+3+7+3+7+3+7+3+7+3+7

난 신이 나서 구름처럼 마음이 방방 떴어. 오늘은 마치 나를 위한 날 같았어.

친구들이 또 눈을 동그랗게 뜨고 부러운 눈길로 나를 바라보았어.

"이렇게 하는 거였구나!"

준서도 이제 알았다는 듯이 손뼉을 짝 쳤어.

"나도 풀었어요! 19=10+9니까 표현할 수 있는 수예요!"

> 19=3+7+9=3+7+3+3+3

"13=10+3이므로 표현할 수 있는 수예요."

> 13=3+7+3

"그러면 11과 8은 3과 7의 합으로 표현할 수 없는 수네요. 맞지요?"

"맞았어!"

신나라 선생님은 우리에게 표를 한 장 그려서 보여 주셨어.

1	2	3
4	5	6
7	8	9
10	11	12
13	14	15
16	17	18
19	20	21
	⋮	

"이 표에서 3과 7의 합으로 표현할 수 없는 수를 모두 찾아봐. 그리고 어떤 방법으로 찾았는지 이야기해 보자."

난 이번 문제도 자신이 있었어. 그래서 표를 뚫어지도록 바라보았어. 나는 3과 7의 합으로 표현될 수 있는 모든 수에 색을 칠했어.

1	2	3
4	5	6
7	8	9
10	11	12
13	14	15
16	17	18
19	20	21
	⋮	

'분명히 여기엔 어떤 규칙이 있을 텐데……. 맞아!'

난 "저요!" 하고 외치면서 손을 들었어.

"이 표는 3씩 묶어 만든 표예요. 그래서 어떤 한 수가 3과 7의 합으로 나타내는 수라면, 그 아래에 있는 모든 수도 3과 7의 합으로 나타낼 수 있어요."

"옳지!"

신나라 선생님이 환한 얼굴로 손뼉을 치셨어.

"따라서 3과 7의 합으로 표현할 수 없는 수는 1, 2, 4, 5, 8, 11이에요."

아이들의 박수 소리가 쏟아졌어. 내가 수학을 이렇게 잘했던 걸까? 난 내 실력이 믿어지지가 않았어.

툭붐 놀이로 수의 규칙 찾아보기

"선생님, 쉬었다가 해요!"

"맞아요. 너무 힘들어요. 머리를 너무 썼나 봐요."

아이들이 떼를 썼어. 난 하나도 안 지쳤는데 말이야.

"그러면 이번에는 다 함께 게임을 해 볼까?"

게임이란 말에 아이들의 표정이 싹 바뀌었어. 나 원 참, 가벼운 녀석들 같으니라고.

선생님께서 씨익 웃으며 게임의 규칙을 설명해 주셨어.

1. 1부터 시작해 시계 방향으로 한 사람씩 돌아가며 큰 소리로 수를 말해.
2. 3은 툭으로, 5는 붐으로 바꾸어 말하는데 모두 3과 5의 합으로 바꾸어 말해야 해. (예를 들어 13은 툭붐붐이라고 말하는 거야. 툭과 붐의 순서는 달라도 돼.)
3. 툭과 붐의 합으로 표현할 수 없는 수만 수로 말할 수 있어. 즉, 수를 셀 때 툭이나 붐으로 바꾸는 것이 가능하다면 항상 바꾸어 말해야 해.
4. 틀린 사람이 있으면 틀린 사람부터 시작하여 다시 게임을 진행해.

"3, 6, 9 게임이랑 비슷하다. 툭! 붐!"

친구들은 신바람이 났는지 두 팔을 흔들면서 경쾌하게 말했어.

"1, 2, 툭, 4, 붐, 툭툭, 붐툭……."

"에이, 틀렸잖아. 벌칙은 엉덩이로 이름 쓰기."

처음에는 몇 번 틀렸지만 모두들 금방 잘하게 됐어. 속도도 빨라지면서 게임은 더욱 뜨거워졌지.

"여기서 문제! 22와 38은 어떻게 말해야 할까?"

신나라 선생님의 질문에 우리는 머리를 굴렸어. 난 공책에 얼른 써 보았어.

'22는 3×4+10이니까…….'

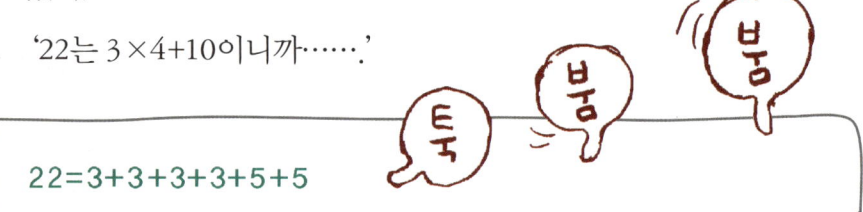

22=3+3+3+3+5+5

"툭툭툭툭붐붐."

'38은 5×7+3이니까…….'

38=5+5+5+5+5+5+5+3

"붐붐붐붐붐붐붐툭."

"다른 방법도 있어요!"

준서가 소리쳤어.

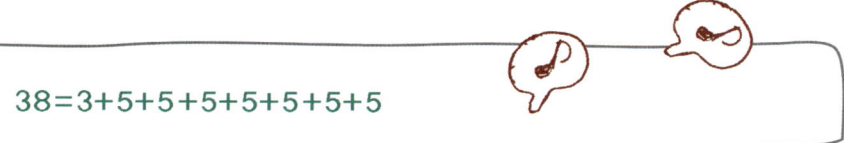

38=3+5+5+5+5+5+5+5

"툭붐붐붐붐붐붐."

"둘 다 맞았어. 답은 여러 가지로 나올 수 있어."

준서와 나는 서로 바라보며 웃었어. 선생님은 수 배열표를 가리키며 이렇게 말씀하셨어.

"툭과 붐으로 나타낼 수 있는 모든 수를 색칠해 봐."

1	2	3
4	5	6
7	8	9
10	11	12
13	14	15
16	17	18
19	20	21
	⋮	

우리는 하나씩 빗금을 치기 시작했어. 어느새 두 수의 합으로 나타낼 수 있는 수를 찾아내는 건 일도 아니었지.

1	2	3
4	5	6
7	8	9
10	11	12
13	14	15
16	17	18
19	20	21

⋮

"툭과 붐으로 표시할 수 없는 수는?"

"1, 2, 4, 7이요!"

선생님은 수 배열표를 앞쪽 벤치 뒤에 붙였어. 우리는 배열표를 보며 툭붐 게임을 다시 시작했어.

"1, 2, 툭, 4, 붐, 툭툭, 7, 툭붐, 툭툭툭……."

수 배열표를 보면서 하니까 한 사람도 틀리지 않았어. 게임은 점점 더 속도가 붙고, 더 재미가 있어졌어.

"이제 알겠니?"

선생님은 허리에 손을 올리고는 미소를 지으셨어. 게임을 신 나게 하던 우리는 '뭘요?' 하는 표정으로 바라보았지.

"너희는 이미 수의 성질과 규칙을 이용해 복잡한 계산을 해결하는 법을 배웠어."

"우리가요?"

선생님은 고개를 끄덕이셨어. 선생님의 얼굴에 환한 미소가 번졌어.

피에로의 퀴즈에 다시 도전하기

"이제 피에로 아저씨의 퀴즈에 다시 도전해 봐. 너희가 얼마나 놀라운 능력을 갖게 됐는지 알게 될 거야. 호호."

신나라 선생님의 말씀에 우리는 피에로 아저씨의 꽃수레로 우르르 몰려갔어. 우리를 보자, 피에로 아저씨는 장미 한 다발과 백합 한 다발을 양손에 든 채 빙그르르 한 바퀴 돌았어.

"장미는 5송이씩, 백합은 8송이씩만 다발로 묶어 파는 꽃가게가 있어. 이 꽃가게에서 꽃을 사서 사람들의 나이의 수만큼 꽃을 선물하려고 해. 꽃을 다발째로 선물하려고 하면, 꽃을 선물받을 수 없는 가장 많은 나이는 몇 살일까?"

피에로 아저씨는 나비처럼 춤을 추며

조금 전과 똑같은 퀴즈를 냈어.

그런데 그 순간, 정말 놀라운 일이 벌어졌어. 한 시간 전까지만 해도 세상에서 가장 어려운 문제 같았던 퀴즈가, 수학의 신이 와도 풀 수 없을 것 같은 복잡하고, 이상하고, 머리를 어지럽게 만드는 퀴즈가 이제는 풀 수 있을 것처럼 쉬워 보였던 거야!

"두 수의 합으로 나타낼 수 있는 모든 수를 수 배열표로 만들어 보자."

내가 친구들에게 제안했어. 선생님이 가르쳐 주신 대로 수 배열표를 이용하면 쉽게 풀 수 있을 것 같았거든.

"그려서 5와 8의 합으로 나타낼 수 있는 모든 수를 알아보는 거야."

"수 배열표는 몇 개의 수가 한 줄로 되는 표를 그려야 하는 거지?"

우리는 서로 의견을 주고받으며 문제를 풀기 시작했어.

"5와 8의 합으로 나타낼 수 있는 수를 모두 찾는 문제니까, 한 줄에 5씩 있는 수 배열을 그리면 돼."

"맞아. 그리고 수 배열표에서 하나씩 지우는 거야. 5송이 다발만 산 경우, 8송이 다발 하나와 5송이 다발을 산 경우, 8송이 다발 두 개와 5송이 다발을 산 경우……."

"수 배열표에서 먼저 5씩 더해지는 수를 모두 지우고, 그 다음에 8

부터 시작해서 5씩 더해지는 8 아래의 수를 모두 지우고, 그 다음에는 8의 두 배의 수인 16부터 시작해서 5씩 더해지는 16 아래의 수를 모두 지우는 거야. 마찬가지 방법으로 24 아래의 수를 모두 지우면 돼."

우리는 차근차근 문제를 해결하며 하나씩 차례로 지워 나갔어. 그러자 이런 수 배열표가 만들어졌어.

"수 배열표에서 지워지지 않은 수는 1살, 2살, 3살, 4살, 6살, 7살, 9살, 11살, 12살, 14살, 17살, 19살, 22살, 27살이야."

"이 나이들은 5송이와 8송이의 다발로 꽃을 사서 선물할 수 없는 나이야."

"피에로 아저씨의 퀴즈가 뭐였지?"

"꽃을 선물 받을 수 없는 나이 중 가장 많은 나이는 몇 살일까?"

"그 나이는 바로……!"

"바로 27살이야!"

우리는 동시에 소리쳤어. 그러자 피에로 아저씨가 벤치에 앉았다가 깜짝 놀란 표정으로 벌떡 일어났어. 코에 붙인 빨간 코가 떨어질 정도로 크게 놀란 것 같았어. 피에로 아저씨는 우리 주변으로 달려와 펄쩍펄쩍 뛰었어.

"맞았어! 너희는 정말로 꼬마 수학자들이로구나! 한 시간 만에 맞히다니 대단해! 지금까지 너희 같은 친구들은 처음 봐!"

피에로 아저씨는 빨간 장미와 하얀 백합꽃을 우리에게 나눠 주었어. 꽃향기는 너무나 향기로웠어. 저만치 떨어져서 신나라 선생님이 우리를 흐뭇한 얼굴로 바라보고 계셨어.

"여기 꽃다발을 드릴게요."

나는 선생님께 꽃을 내밀었어. 내가 갖고 싶었지만, 퀴즈를 맞히는 능력을 키워 준 건 선생님이셨으니까. 그러자 다른 친구들도 꽃다발을 선생님께 내밀었어.

"선생님 덕분이에요. 이 꽃다발을 받아 주세요."

"호호호! 난 꽃이 필요 없어."

신나라 선생님이 대답했어.

"왜요? 꽃보다 남자?"

준서의 말에 선생님이 크게 웃었어.

"그게 아니야. 수학은 꽃보다 아름다우니까! 수학이 아름다운 건 효율적이고, 분명하고, 유연하기 때문이야. 그래서 난 꽃보다 수학이 훨씬 좋아. 오호호호!"

수학이 꽃보다 아름답다는 말은 처음 들어 보았지만, 나는 신나라 선생님의 말씀을 조금은 이해할 수 있을 것 같았어. 수학을 설명할 때 선생님의 얼굴을 보면, 마치 활짝 핀 꽃처럼 아름다워 보였거든.

누가 거짓말을 했을까?

은경, 선미, 남희, 경선이가 학교에서 시험을 본 후 다음과 같이 이야기했어.

> 은경 : 난 44점을 맞았어.
> 선미 : 난 78점을 맞았어.
> 남희 : 난 82점을 맞았어.
> 경선 : 난 68점을 맞았어.

시험은 10점과 8점짜리 문제로 구성되어 있어. 모든 문제를 맞혔을 때 100점이라고 하면, 네 사람 중 거짓말을 하는 친구는 누구일까?

힌트 10점짜리 문제만 맞힌 사람이 있을까?
10점짜리 문제만 맞혔다면 일의 자리 숫자가 무엇일까?
8점짜리만 맞혔다면 그 점수의 일의 자리 숫자는 무엇이 될 수 있을까?
맞은 점수뿐만 아니라 틀린 점수도 10점과 8점의 합이 되어야 할까?
조건에 맞는 8점과 10점의 문항 수와 맞지 않게 거짓말을 한 사람은 누구일까?

풀이와 정답

문제는 10점짜리와 8점짜리로 구성되어 있어. 그러니까 틀린 점수도 10점 및 8점의 합으로 표현되어야 해. 네 사람이 틀린 점수를 식으로 나타내면
은경 100−44=56=40+16=10+10+10+10+8+8,
선미 100−82=18=10+8,
남희 100−68=32=8+8+8+8,
선미 100−78=22
따라서 은경, 남희, 경선이의 틀린 점수는 10점 및 8점으로 나타낼 수 있지만
선미의 틀린 점수는 그렇지 않아. 그러므로 **거짓말을 한 사람은 선미**야.

황성연의 수학일기 　년　월　일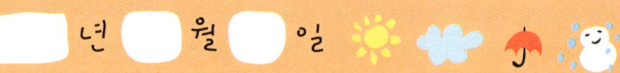

지수와 수학 문제 대결하다!

황성연(원주, 삼육초등학교 3학년)

쉬는 시간이었다. 지수가 조용히 다가오더니, 지난번에 져서 분하다는 얼굴로 "성연아, 나 좀 볼까?"라고 말하고 내 옆자리에 앉는 것이었다.
"공부했던 거 복습할 겸 같이 해 볼까? 뭐 강요하진 않겠어."
지수가 말했다.
"난 좋지. 대신 조건 걸기다! 져도 후회는 안 할 거지? 울어도 인정 못해. 그래도 할 거니?"
내가 말했다.
"응. 이번엔 꼭 이겨서 지난번에 진 걸 회복해야 해!"
"이번 대결에서는 '같은 수를 계속 더하면'으로 하자!"
"조…… 좋아!"
지수가 약간 당황하는 것 같았다. 나는 문제를 냈다.

> **문제 1** 장미는 5송이, 백합은 8송이씩만 다발로 묶어 파는 꽃가게가 있다. 꽃가게에서 꽃을 사서 사람들의 나이의 수대로 꽃을 선물하려고 한다. 꽃을 다발째로 선물하려고 하면 나이의 수대로 선물 받을 수 없는 나이 중 가장 많은 나이는?

"답을 말해 봐."

"모르겠어. 설명 좀 더 해 줘……."
지수가 땀을 흘리며 간신히 물었다.

"좋아, 좋아."
나는 답을 설명하기 시작했다.
"자, 이렇게 표를 만들고…… 5는 다 되니까 ◯를 해. 그럼 밑에는 다 ◯이겠지? 8단은 물론이고, 8 밑에 13이지? 8+5=13. 13도 ◯해. 밑에도 쭉. 16+5=21. 16 밑에도 쭉. 32+5=37. 24+5=29. 밑에도 쭉. 이제 알겠지? 정답은 27살이야."

"대, 대단하다! 이번에는 내가 문제를 낼게."
지수는 내 설명에 감탄하면서 각오를 다졌다.

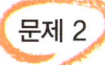 **문제 2** 은경이는 7과 9의 합으로 나타낼 수 있는 날짜에만 문방구에 가려고 한다. 갈 수 있는 날에 ◯ 표시를 해 보자.

"풀어 봐, 성연아."
지수가 넌 절대 못 풀 거라는 표정으로 말했다. 하지만 나는 풀기 시작했다.

"7과 9에 ◯를 하면 되지? 그럼 7 밑에는 다 ◯ 표시. 9 밑에는 다 ◯ 표시. 그러면 9단에 있는 18, 27도 ◯ 표시. 18 밑에 25도 ◯. 자, 이제 됐지?"
내가 자신 있게 풀자, 지수는 입을 다물지 못했다.

"대단한걸! 이제 2 대 0이네."
지수가 풀이 죽은 목소리로 말했다.
"이번에는 내가 문제를 낼 차례지?"

문제 3 은경, 선미, 남희, 경선이는 학교에서 시험을 봤는데 다음과 같이 이야기를 했다.

   은경 : 나는 44점을 맞았어.
   선미 : 나는 78점을 맞았지.
   남희 : 난 82점이야.
   경선 : 난 68점.

   시험 문제들은 10점짜리와 8점짜리로 구성되어 있고, 문제를 모두 맞혔을 때 100점이라고 한다면, 위에서 거짓말한 사람은 누구일까?

"헤헤헤! 쉽네. 정답은 은경. 점수가 가장 낮잖아."
지수가 말했다.
"땡! 틀렸어. 내가 설명해 줄게, 잘 들어 봐."

은경 : 8+8+8+10+10=44 즉, 44+54=100
선미 : 10+10+10+10+10+10+10+8=78 즉, 78+22=100
남희 : 8+8+8+8+10+10+10+10+10=82 즉, 82+18=100
경선 : 8+10+10+10+10+10+10=68 즉, 68+32=100

"그러니까 거짓말을 한 아이는 선미야."

내가 말했다.
"왜 선미야?"
"맞은 점수만 만들 수 있으면 안 돼!
틀린 점수도 10과 8의 합으로 표시돼야 해.
22는 10과 8로 만들 수 없잖아."
"내가 졌다! 3 대 0! 이제 내가 네 소원을
들어 줄 차례야. 소원이 뭐야?"
지수가 힘없이 묻자, 나는 이렇게 대답했다.
"그건…… 너와의 우정이야."
"하하! 뭐라고?"

친구들아, 수학 공부를 게임처럼 해 보면 참 재미있어!

선생님의 한마디

'같은 수를 계속 더하면'이란 공부를 왜 할까? 이 공부는 두 수의 합을 이용해 만들 수 없는 모든 수를 찾아보는 거야. 그러면 수 체계와 구성을 이해할 수 있거든. 또 문제 해결의 전략으로 활용할 수도 있어.

성연이는 자기가 배운 내용을 친구와 수학 대결을 하는 이야기로 일기를 썼구나. 친구와 수학 문제를 내면서 문제 해결 중에 나타나는 과정을 친구에게 구체적으로 설명하고 있어. 이 과정에서 네가 공부한 내용이 충분하게 나타나고 자신감도 생겼을 거야.

앞으로도 '같은 수를 계속 더하면'과 같은 훈련을 통해 자신이 수학적으로 어떤 점을 느꼈는지, 또 어떤 내용에 대해 탐구심이나 호기심을 느꼈는지 생각해 보고 표현해 보길 바래. 작은 것에서부터 시작해서 점점 그 탐구심을 키워 나간다면 어떤 문제 상황에서도 스스로 질문하고 스스로 문제 해결을 할 수 있을 거야.

수의 규칙으로 수학 천재에 도전하자

수학의 기본이 뭘까?

〈교과서 찾아보기〉
- 3학년 1학기 2. 덧셈과 뺄셈
- 3학년 2학기 1. 덧셈과 뺄셈
- 3학년 2학기 8. 규칙 찾기
- 4학년 1학기 8. 규칙 찾기

〈창의사고력 수학〉
- 주어진 수들의 합으로 만들 수 있는 모든 수 알아보기
- 수 배열표를 만들어 문제를 해결하는 방법
- 복잡한 계산을 수의 성질이나 규칙을 이용해 해결하는 방법

수학의 기본은 셈이라고 해. 덧셈과 뺄셈, 곱셈과 나눗셈 말이야. 셈을 못하면 아는 문제도 틀리고, 셈을 잘하면 문제 풀이가 쉬워지잖아. 너희도 잘 알지? 그런데 알면서도 잘 안 되는 게 셈이야. 그렇다면 셈을 잘하는 방법은 없을까?

얘들아, 내 이름은 박준서야. 수학 캠프에 와 일기를 쓰면서 나는 수학에 대해 몰랐던 점을 정말 많이 알게 됐어. 그 가운데 특히 잊을 수 없는 건 가우스의 이야기야. 가우스는 독일에서 태어난 수학자야. 아인슈타인에 버금갈 만큼 엄청나게 위대한 수학자라고 할 수 있지. 100년 동안 한 명이 태어날까 말까 할 정도의 수학 천재였대.

우리는 지금까지 수를 수로만 보잖아. 그런데 가우스는 수를 수로 안 보고 규칙으로 본 거야. 무슨 이야기인가 하면, 아주 복잡한 계산을 수의 규칙을 이용해서 해결했다는 이야기야.

'수에 무슨 규칙이 있어?' 하고 묻고 싶은 친구들도 많을 거야. 나도 그랬으니까. 수학 캠프에 오기 전까지는 수의 성질이나 규칙 등은 들어 보지도 못했고, 배운 적도 없었어.

이제부터 너희에게 가우스가 어렸을 때 셈을 어떻게 했는지 들려줄게. 그러면 수의 성질과 규칙이 어떤 것인지 조금은 알 수 있을 거야.

150여 년 전, 독일의 어느 초등학교에서 있었던 일이야.

"바쁘다, 바빠! 빨리 가야 하는데, 시간이 없네."

수업을 하다가 말고, 선생님이 급하게 짐을 챙겼대. 갑자기 어디를 가야 할 일이 생겼던 모양이야. 하지만 아이들을 그대로 두고 갈 수가 없었어.

'어쩌지? 그래, 아이들에게 문제를 풀라고 해야겠다. 시간이 오래 걸릴지도 모르니까, 좀 어려운 문제를 내야겠어.'

선생님은 이렇게 머리를 굴리고는 (그러고 보니 우리 학원 선생님도 이렇게 하셨던 적이 있었던 것 같아.) 분필을 들고 칠판에 수학 문제를 적기 시작했어.

$$1+2+3+4\cdots\cdots+100=\square$$

그러고는 선생님이 아이들에게 이렇게 말했대.

"1에서 100까지의 수를 모두 더해라. 선생님이 다시 올 때까지 다 풀어야 한다."

"100까지나 더하라고요? 하루 종일 해도 다 계산 못 할 거예요."

보나마나 교실 이쪽저쪽에서 아이들이 투덜거렸겠지. 지금은 휴대폰에 계산기가 있지만 그때는 그런 게 없었으니, 아이들이 보통 답답했겠어?

"말이 많다! 수학은 연습을 많이 하면 할수록 계산 속도가 빨라지는 거야!"

선생님은 큰 소리로 아이들을 꾸짖고는 옷을 입고 가방을 챙겼어. 5분도 안 되는 시간이었지. 선생님이 막 교실을 나가려는 순간, 구석에 앉아 있던 작은 아이가 쭈뼛쭈뼛 손을 들었대. 아홉 살 난 가우스였지. 워낙 작고 얌전해서 평소에는 거의 있는지 없는지도 모를 정도의 아이였어.

"무슨 질문이 있니?"

선생님이 묻자, 가우스는 부끄러운 듯이 말했대.

"아니오. 계산을 다 했는데요."
"뭐라고? 선생님한테 장난치면 안 된다!"
"답은 5050입니다!"

선생님은 너무 놀라 눈을 휘둥그렇게 떴어. 아무리 덧셈을 빨리 한다고 해도 몇 분 만에 다 할 수는 없잖아.

"대체 어떻게 한 것이냐?"

"간단해요. 101×50을 하면 돼요. 그러니까 눈 깜짝할 사이에 답이 나오던걸요."

선생님도 반 아이들도, 가우스의 말이 무슨 뜻인지 몰라 한참 동안 눈만 껌벅이면서 쳐다보고 있었대. 가우스는 대체 어떻게 문제를 푼 걸까? 너희도 한 번 생각해 봐. 우리는 보통 덧셈을 하라고 하면, 일일이 하나씩 더해야 한다고 생각해. 그런데 다른 방법으로 셈을 할 수도 있거든. 바로 이것처럼!

$$1 + 2 + 3 + \cdots + 98 + 99 + 100$$
$$100 + 99 + 98 + \cdots + 3 + 2 + 1$$
$$\overline{101 + 101 + 101 + \cdots + 101 + 101 + 101}$$

그러므로 (101×100)÷2=5050

가우스는 1부터 100까지 일일이 더하지 않았어. 먼저 100부터 1까지 거꾸로 한 번 더 더한 거야. 그러면 1+100=101, 2+99=101, 3+98=101,…… 100+1=101이 나오겠지? 이렇게 만들어진 101은 모두 100개야. 그러니까 101×100을 해. 그런데 이것은 1에서 100까지 2번 더한 거잖아. 그래서 2로 나눠 주면 답이 나오는 거야.

$$101 \times 100 \div 2 = 5050$$

이 방법을 사용하면 어마어마하게 큰 수도 쉽게 더할 수 있어. 예를 들어, 1에서 10000까지의 덧셈도 눈 깜짝할 사이에 할 수 있어.

$$
\begin{array}{r}
1+\quad 2+\quad 3+\cdots+99998+9999+10000 \\
10000+9999+9998+\cdots+\quad 3+\quad 2+\quad 1 \\
\hline
10001+10001+10001+\cdots+10001+10001+10001
\end{array}
$$

즉, $(10001 \times 10000) \div 2 = 50005000$

가우스의 설명을 듣고 선생님은 이렇게 말씀하셨대.

"넌 내가 가르쳐 줄 것이 아무것도 없구나."

이제 수의 성질과 규칙이 어떤 것인지 알겠니? 수학은 계산만 잘한다고 해서 되는 게 아니야. 퍼즐을 맞추듯이 머리를 쓰면, 세상 사람들을 놀라게 만들 만큼 기가 막힌 풀이 방법이 떠오를 수 있어. 이것이 바로 창의사고력 수학이야.

은경이는 31일에 제과점에 갈 수 있을까?

"은경이는 빵을 무척 좋아하는 아이야. 별명이 빵순이지. 그래서 날마다 빵을 사 달라고 엄마를 졸랐어. 하지만 엄마는 날마다 사 줄 수는 없고, 7일 또는 9일마다 한 번씩 제과점에 가자고 했어."

신나라 선생님이 달력을 꺼내 보이면서 말씀하셨어.

"자, 은경이는 지난달 마지막 날에 제과점에 갔어. 그러면 이번 달 31일에 제과점에 갈 수 있을까 없을까? 갈 수 없다면 그 이유는 무엇일까?"

'수의 규칙을 이용하자! 수의 성질을 이용하자! 가우스를 이기자! 가우스처럼 생각하자!'

난 마음속으로 계속 되뇌었어.

'7일 또는 9일마다 한 번씩 제과점에 가는 거라고 했지? 그래서 31일에 갈 수 있는지를 묻는 문제였지? 그렇다면 혹시 7과 9의 합으로 31을 만들 수 있는지를 묻는 문제가 아닐까?'

난 31을 7과 9의 합으로 만들 수 있는지 풀어 보았어. 하지만 31은 7과 9의 합으로 만들 수 없는 수였어.

"선생님, 은경이는 갈 수 없어요."

나는 틀릴 것만 같아 자신 없는 목소리로 말했어.

"왜 그렇게 생각했지?"

난 내가 계산한 방법을 선생님께 말씀드렸어. 그러자 선생님의 얼굴에 환한 미소가 번졌어.

"맞았어! 준서가 금방 맞혔구나."

가슴이 후끈 달아올랐어. 아, 문제를 맞힌다는 건 이런 기분이구나!

"이번에는 두 번째 문제를 낼게. 은경이는 지난달 마지막 날에 제과점을 갔고, 이번 달은 7일 또는 9일마다 한 번씩 제과점에 가려고 한다고 했지? 은경이가 이번 달 제과점에 갈 수 있는 모든 날을 달력에 ○를 표시해 보자."

별로 어려운 문제가 아니었어. 툭붐 게임을 하면서 수를 모으는 건

쉽게 할 수 있게 됐으니까.

"세 번째 문제, 은경이는 지난달 마지막 날에 제과점을 갔어. 이번 달은 6일 또는 10일에 한 번씩 제과점에 가려고 해. 이번 달 제과점에 갈 수 있는 모든 날짜를 알아보기 위해 달력을 그린다면 어떻게 그리는 것이 좋을까? 갈 수 있는 모든 날에 ○표를 해 봐."

우리는 모두 일제히 고개를 숙이고 달력에 표시를 하기 시작했어. 친구들이 이렇게 열중하는 건 처음 보았지.

"모두 잘하는구나. 실력이 보통이 아니야."

신나라 선생님은 만족스러운 표정을 지으며 우리를 칭찬하셨어.

두 번째 미션

숫자 카드로 복잡한 연산 방법 알아내기

신나라 선생님은 서랍에서 카드 한 뭉치를 꺼내 그 가운데에서 여러 장의 카드를 들어 보였어.

"이번에는 조금 더 어려운 문제에 도전해 보자. 여기에 4가 쓰여 있는 숫자 카드와 7이 쓰여 있는 숫자 카드가 여러 장 있어."

'선생님이 마술을 하려고 하는 걸까?' 하고 나는 호기심 어린 눈으로 바라보았어.

"이제부터 이 카드들을 섞을 거야. 여기서 숫자 카드를 다섯 장 이내로 뽑고, 뽑은 카드에 쓰여 있는 수를 모두 더했을 때 그 값이 될 수 있는 수를 모두 구하는 거야."

언뜻 들었지만 무슨 문제인지 알아듣기도 힘들었어. 선생님은 칠판에 질문을 다시 써 주셨어.

> 4나 7을 다섯 번 이내로 더했을 때,
> 나올 수 있는 모든 경우의 수를 구해 보자.

"아, 4와 7 숫자 카드를 5장 이내로 뽑아서 나온 수를 모두 더한 값을 구하는 거구나."

내가 말하자, 성연이가 옆에서 조언을 했어.

"이 문제도 수 배열표를 이용하면 쉽게 구할 수 있을 거야. 문제 해결의 전략을 수 배열표로 찾아보는 거지."

성연이는 자신만만했어. 나도 성연이에게 뒤질 새라 얼른 수 배열표를 만들기 시작했어.

난 숫자 카드를 뽑았을 경우를 하나씩 생각해 보았어. 숫자 카드를 모두 4만 뽑았을 경우가 있을 거야. 그럴 때에는 4만 이용해 합을 구해야 해. 반대로 7만 뽑았을 경우도 있으니까 그럴 때에도 7만 이용해 합을 구해야 하지. 또 7 한 장과 나머지 카드는 모두 4를 뽑았을 경우도 있고, 7 두 장과 나머지 카드는 4를 뽑았을 경우도 있을 거야. 또 7 세 장과 나머지 카드는 4를 뽑았을 경우와 7 네 장과 나머지 카드는 4를 뽑았을 경우도 있을 거야.

이렇게 카드를 뽑는 경우는 크게 6가지 경우였어.

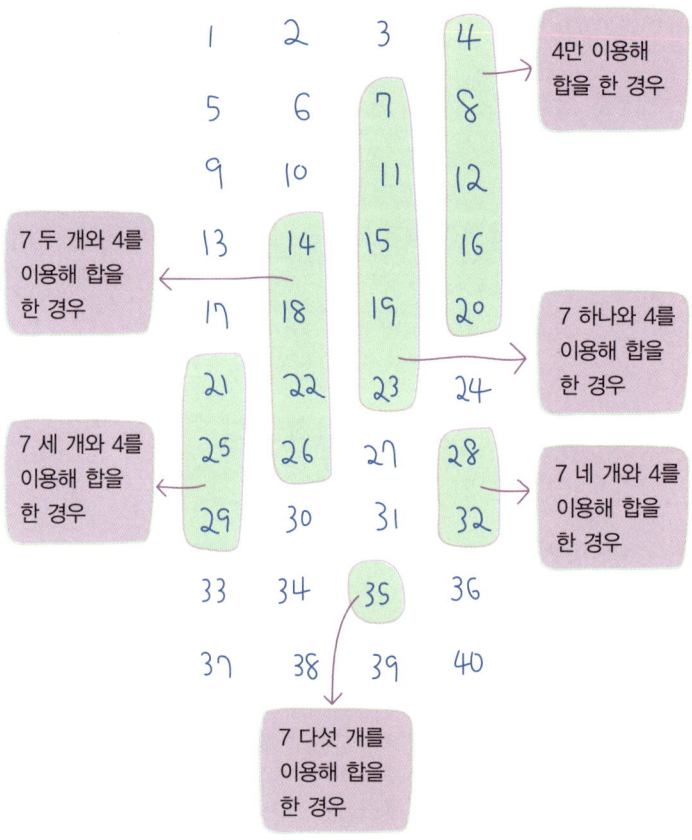

"선생님, 다 풀었어요!"

내가 소리쳤어. 그리고 나는 칠판 앞으로 나가 내가 구한 수들을 하나씩 적었어.

> 4, 7, 8, 11, 12, 14, 15, 16, 18, 19, 20, 21, 22, 23, 25, 26, 28, 29, 32, 35

"와우! 준서는 정말 실수하지 않고 꼼꼼하게 찾았구나."

칭찬은 고래도 춤추게 한다는데, 선생님의 칭찬에 내 마음이 춤을 추었어. 난 수학이 점점 더 좋아졌어.

세 번째 미션
직사각형으로 수의 규칙성을 알아내기

선생님이 이번에는 칠판에 커다란 직사각형을 그리셨어.

'지금은 분명히 연산을 배우고 있는데, 이제 도형 문제를 내려고 하시나?' 하고 나는 궁금해 했어.

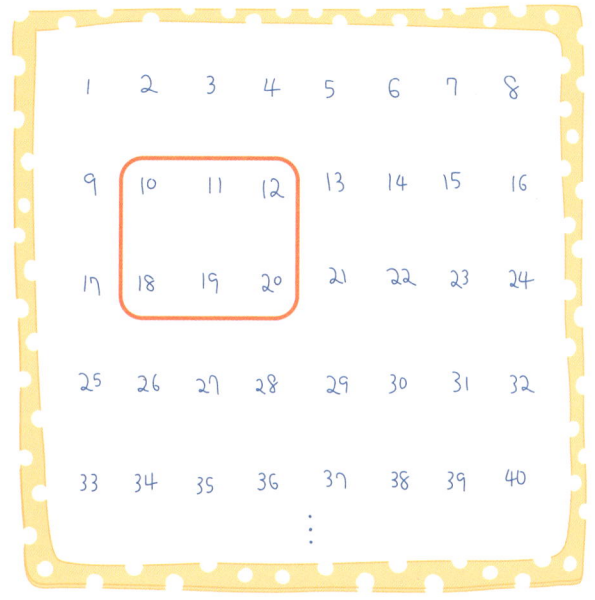

"이번에는 한 단계 더 어려운 문제에 도전해 보자. 이 그림에서 직사각형 안의 수를 모두 더하면 10+11+12+18+19+20=90이야. 이 직사각형을 이리저리 옮겼을 때 다음 수 중에서 직사각형 안에 있는 6개의 수를 합해서 될 수 없는 것을 찾아봐."

138 42 156 126 36

여기저기서 아이들의 한숨 소리가 터져 나왔어. 수학 캠프에 참가

하기 전에 저런 문제를 봤다면, 난 진즉에 포기하고 말았을 거야. 하지만 지금 나는 수학 천재가 되려고 도전하는 중이잖아! 그래, 나도 할 수 있어!

"아무리 복잡한 연산 문제라도 규칙성을 파악하면 돼. 두 수의 덧셈으로 해결할 수 있어."

선생님이 우리에게 자신감을 불어넣어 주셨어.

우리는 연필을 들고 이렇게도 더해 보고 저렇게도 더해 보았어.

'내가 만약 가우스였다면 어떻게 문제를 풀었을까? 저 직사각형 안에는 어떤 규칙성이 숨어 있을까?'

나는 계속 그런 생각을 했어.

우리가 계속 어려워하자, 선생님이 힌트를 하나씩 던져 주셨어.

"직사각형이 옆으로 한 칸 움직이면 얼마씩 더해지고 빼질까? 직사각형이 아래나 위로 한 칸씩 움직이면 얼마씩 더해지거나 빼질까?"

"90에 48을 계속 더하는 값은 위의 수 배열에서 있을 수 있을까? 90에 6을 계속 더하는 값은 위의 수 배열에서 있을 수 있을까?"

나는 선생님이 주신 힌트대로 하나씩 따라해 보았어. 그리고 직사각형이 옆으로 한 칸 움직일 때마다 6씩 더하거나 빼진다는 걸 알아냈어. 또 직사각형이 아래나 위로 한 칸 움직일 때마다 48씩 더하거나 빼진다는 것도 알아냈지.

선생님이 직사각형 안의 수를 모두 더하면 90이라고 하신 말씀을 떠올리며 138, 42, 156, 126, 36에서 6이나 48을 더하거나 빼서 수를 이렇게 표현해 보았어.

$$138 = 90 + 48$$
$$42 = 90 - 48$$
$$156 = 90 + 48 + 6 + 6 + 6$$
$$36 = 90 - 48 - 6$$

다섯 개의 수 가운데 네 개는 직사각형 안의 수의 합으로 나타낼 수 있었어. 그런데 126은 90+6+6+6+6+6으로 표현할 수 있지만, 90에 있는 직사각형을 옆으로 여섯 칸 옮기게 되면 수 배열표를 넘어가고 말아. 그러므로 직사각형 안의 수의 합으로 표현할 수 없어.

아이들은 여전히 숨을 죽인 채 문제를 풀고 있었어. 선생님은 인내심을 갖고 우리들을 계속 지켜보고 계셨어. 만약 우리 엄마 같았으면, "어휴, 답답해! 그것도 몰라?" 하면서 먼저 입을 여셨을 텐데…….

나는 머뭇거리다 조심스럽게 말했어.

"선생님, 제가 풀었는데요. 답은 126이지요?"

"와, 정말 어려운 문제였는데 준서가 잘 풀어냈구나. 잘했어!"

아이들의 박수 소리가 터져 나왔어. 내 가슴도 벅차올랐어. 이것으로 수학 천재가 된 박준서의 하루가 멋지게 끝이 났어.

2와 5의 규칙성으로 어려운 문제 풀어 보기

2 5 2 5 5 2 5 5 5 2 5 5 5 5 2 …

위의 수들을 보면 2와 5가 규칙적으로 나열되어 있어. 수와 수 사이의 어느 부분만 잘라 내어 합을 구했을 때, 나올 수 없는 수를 다음 보기에서 찾아봐.

보기

17 99 33 29 70

힌트 복잡한 연산은 규칙성을 파악해 해결할 수 있어.
나열된 수에서 어떤 규칙을 찾을 수 있을까?
2와 5 중에서 더 많이 더해지는 수는 무엇일까?
2는 몇 개까지 더할 수 있을까?
수와 수 사이를 잘라 더한다면 더해지는 수들의 특징은 무엇일까?

풀이 정답

2가 수를 2와 5의 합으로 나타내 보면 다음과 같이 돼.

17=2+5+5+5
99=2+5+5+5+5+······+5+5+5 (5가 19개)
33=2+2+5+2+5+5+5+5+5
29=2+2+5+5+5+5+5
70=5+5+5+······+5+5+5 (5가 14개)

17, 99, 29, 70이 경우 2가 1개 또는 사용되었으므로 수와 수 사이를 잘라 합을 구했을 때 나올 수 있는 값이지만, 33은 2가 3개 비 사용되었으므로 수와 수 사이를 잘라 합을 구했을 때 나올 수 없는 값이야.

박준서의 수학일기 ☐년 ☐월 ☐일 ☀ ☁ ☂ ☔

수들의 결합

박준서(수원, 태장초등학교 3학년)

두 수를 가지고 만들 수 없는 수가 있을까? 오늘은 두 수로 못 만드는 수를 알아보았다. 두 수가 같은 수가 아니면 언젠가는 못 만드는 수가 있다는데 참 신기하다. 또 1을 가지고는 못 만드는 수가 없다. 누가 이것을 알아냈을까? 참 궁금하다.
예를 들면 "장미는 5송이, 백합은 8송이씩만 다발로 묶어 파는 꽃가게가 있다. 이 꽃가게에서 꽃을 사서 사람들의 나이의 수대로 꽃을 선물하려고 한다. 꽃을 다발째로 선물하려고 한다면 나이의 수대로 꽃을 선물 받을 수 없는 나이 중 가장 많은 나이는 몇 살일까?"
이 문제의 해결 방법은 표를 만드는 것이다. 두 수 중 작은 수를 하는 게 더 편하다. 앞으로 이 방법을 써야겠다. 나는 이 문제를 다른 방법으로 어떻게 풀어야 하는지 고민이다. 그리고 나였다면 이 문제의 형식을 바꿔서 '같은 수를 계속 더하면 안 나오는 수가 끝이 있을까?' 이렇게 질문을 해 보고 싶다. 그러면 정답은 '1일 경우, 안 나오는 수가 없고 나머지는 모두 끝이 없다.'이다. 이렇게 새로운 형식의 문제를 자꾸 생각해 봐야겠다. 나는 이 단원과 관련된 문제를 하나 내 보았다.

 지우개는 4개씩, 연필은 5개씩 묶음으로만 파는 가게가 있다. 사람들에게 나이 수대로 한 번에 묶음씩 사서 주려고 한다. 못 받는 사람 중 가장 많은 나이는 몇 살일까?

이걸 표로 만들면 오른쪽과 같다.
일단 4의 배수와 5의 배수를 ● 으로 나타낸다. 그리고
5, 10, 15 밑의 수들을 ▲ 으로 나타낸다. 그러면
도형으로 나타나 있지 않은 수들은 1, 2, 3, 6, 7, 11이다.
이 수들 중 가장 큰 수는 11이다.
그래서 정답은 11이다.

1	2	3	4
5	6	7	8
9	10	11	12
13	14	15	16
17	18	19	20
21	22	23	24
25	26	27	28

친구들아, 배운 내용을 응용해서 새로운 문제를 내 봐. 아주 흥미로워.

선생님의 한마디

'수들의 결합'이라는 일기 제목에서도 알 수 있듯이, 준서는 수학적으로 탐구하는 자세가 수학자다운 면모를 가지고 있구나. 두 수의 합을 이용해서 새로운 수를 만들거나 만들 수 없는 수를 탐구하고, 또 모든 자연수를 만들 수 있는 경우는 두 수 중 한 수가 1이면 된다는 사실에 감탄할 줄 아는 학생이야.

준서는 수업 시간에 배운 내용을 아주 잘 이해하고, 늘 새로운 문제를 만들어 와서 이렇게 선생님을 놀라게 하는구나. 어려워 보이던 문제도 늘 쉽게 해결할 수 있는 방법이 있다는 것이 신기하고 놀랍지?

준서는 배운 내용에 대해 새로운 형식의 문제를 만들거나 적용되는 문제를 만드는 것을 즐기고, 항상 문제를 보면 다른 방법으로 풀 수 있는 방법을 고민하는 것이 일기에 잘 드러나 있어. 공부를 하면서 수학적으로 탐구하고 스스로 질문하는 모습이 네 일기에 잘 표현돼 있구나.

간단한 문제 속에서도 호기심과 의문점을 갖고 어려운 문제도 포기하지 않고 끈기 있게 해결하는 준서가 앞으로도 꾸준히 노력한다면 세상 사람들이 놀랄 훌륭한 수학자가 될 수 있을 거라 믿어.

앞으로는 이 문제에 대한 다른 해결 방법이나, 이 해결 방법으로 풀 수 있는 다른 형태의 문제까지 꼭 만들어서 도전해 보길 바래.

보물찾기로 문제 해결력을 키우자

〈교과서 찾아보기〉
● 3학년 2학기 8. 규칙 찾기

〈창의사고력 수학〉
● 규칙을 찾아서 문제 해결하기
● 예상하고 확인하여 문제 해결하기
● 주어진 문제를 해결하고 과정을 설명하기

난 컴퓨터 게임을 참 좋아했어. 골치 아픈 수학보다 백 배 천 배 더 좋아했어. 하지만 지금은 수학을 더 좋아하게 됐어. 어떻게 해서 그렇게 됐냐고? 내가 수학으로 게임을 만들 수 있게 됐거든. 내가 만든 게임으로 친구들과 함께 즐기는 이 기분! 안 해 본 사람은 모를걸.

안녕, 난 경기도 산본에 사는 권유정이라고 해. 수학 캠프에 참가하기 전까지 난 컴퓨터 게임을 즐겨 했어. 그런데 캠프에 오게 되니까 게임을 할 수 없어서 난 좀 답답했지. 이런 걸 게임 중독증이라고 하나 봐.

그런데 친구 중에 준서가 사무실에 있는 컴퓨터를 발견한 거야. 마침 선생님도 안 계셔서 우리는 우르르 몰려가 컴퓨터를 켜고 게임을 하려고 했지. 그런데 컴퓨터에 게임이 하나도 안 깔려 있었어. 더구나 인터넷도 연결되어 있지 않아서 다운 받을 수도 없었지.

"에이, 깡통이잖아. 쓸모없는 깡통!"

친구들은 다들 실망했어. 하지만 난 게임하는 방법을 알고 있었지. 컴퓨터 안에는 아주 재미있는 게임이 숨어 있거든. 바로 지뢰 찾기라는 게임이야. 시작 버튼을 누르고 보조프로그램에 들어가면 있어. 히히.

"이거 어떻게 하는 거야?"

모두들 신기해 하는 얼굴로 내게 물었어. 난 친구들에게 지뢰 찾기를 하는 방법을 알려 주었어.

1 그림 속의 1은 그 칸을 둘러싸고 있는 칸들 중에 지뢰가 있는 곳이 1곳이라는 뜻이야.

2 그림과 같이 지뢰가 확실히 있는 곳에 지뢰가 있다는 표시로 깃발을 세워.

3 그림과 같이 확실히 지뢰가 없는 곳은 클릭하면 숫자가 나와.

4 이와 같은 방법으로 지뢰가 있는 곳에 깃발을 모두 세우면 게임이 끝나.

"찾았다!" "망했다!" "이걸까, 저걸까?"

아이들은 모여서 마우스를 눌러 가며 열심히 지뢰를 찾기 시작했어.

"재미있니?"

등 뒤에서 누군가 물었어.

"응. 아주 재미있어."

난 뒤를 쳐다보지도 않고 대답했어.

"유정이는 정말 잘 찾는구나, 지뢰 찾기 선수네!"

"응. 난 수학이 지뢰 찾기였으면 좋겠어. 그러면 내가 제일 잘할 수 있을 텐데!"

나는 그렇게 말하면서 힐끔 곁눈질을 했어.

"헉!"

나한테 말을 걸었던 사람은 바로 신나라 선생님이셨어. 난 벌떡 자리에서 일어났어. 사무실에 몰래 들어온 것도 잘못이고, 컴퓨터를 켜서 몰래 게임을 한 것도 잘못이잖아. 이제 난 큰일 났다고 생각했어. 어쩌면 캠프에서 쫓겨날지도 모르겠다고 걱정했어.

우리는 고개를 숙인 채 한쪽 벽에 나란히 섰어. '자진해서 무릎을 꿇고 손을 들고 있으면 용서해 주시지 않을까?' 하고 생각도 해 보았어.

그런데 선생님은 우리를 혼내지 않으셨어.

"수학이 지뢰 찾기였으면 좋겠다고?"

선생님의 말씀에 난 대답을 하지 못했어.

"그렇다면 지뢰 찾기로 수학을 배워 볼까?"

"네?"

선생님의 말씀에 우리는 눈을 동그랗게 떴어.

지도 찾기 게임으로 자유로운 생각 키우기

"너희는 앞으로 생활을 하면서 거의 매일 수많은 문제들을 만나고 해결해야 할 거야. 수학은 너희에게 문제를 해결하는 능력을 키워 줘. 논리적으로 생각하고, 효율적으로 생각하고, 남들이 하지 못하는 생각을 창의적으로 할 수 있는 능력을 키워 주는 게 바로 진짜 수학이야."

선생님이 말씀하셨어.

"문제를 잘 해결하려면 어떻게 해야 할까? 문제의 핵심을 이해하고, 해결 전략을 잘 찾아야 해. 이 능력은 너희가 평생 동안 살아 가면서 꼭 필요한 것이라 아무리 강조해도 지나치지 않아. 정답을 잘 찾으려면 자신만의 다양한 전략을 쓸 줄 알아야 해. 지금부터 너희에게 문제를 해결하기 위한 새로운 전략을 가르쳐 줄게. 게임을 이용해서 너희의 생각을 자유롭게 키워 보자. 내가 보물 지도 하나를 그려 볼 테니까 잘 봐."

선생님은 칠판에 그림을 그리기 시작했어.

"무슨 보물 지도가 그래요?"

아이들이 이상하다면서 웃었어.

"이 게임의 원리는 지뢰 찾기 게임과 똑같아. 다른 점은 지뢰를 찾는 게 아니라 보물을 찾는 거야."

"별표와 숫자는 뭐예요?"

"★은 보물이 숨겨진 위치이고, 숫자는 그 칸에 닿아 있는 보물들의 개수를 나타내."

"아하, ★이 3개라서 3이라고 쓰여 있는 거구나!"

아이들이 그제야 이해를 했나 봐.

"이제 본격적으로 보물찾기 탐험을 떠나 볼까? 다음 칸에 알맞은 숫자를 넣어 봐."

선생님이 또 하나의 그림을 그리셨어.

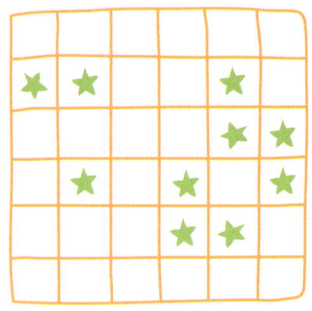

그런데 채연이는 어떻게 해야 하는지 몰랐나 봐. 계속 옆자리의 친구만 쳐다보며 손톱을 깨물고 있었어.

"채연아, 어느 칸부터 시작해야 할지 몰라 고민하는 거야?"

"응. 뭘 어떻게 해야 할지 모르겠어."

"아무 칸에나 보물이 있다고 예상하고 시도를 해 봐. 처음에는 다 그렇게 하는 거야. 실패와 성공을 자꾸 반복하면 잘 찾을 수 있어."

"고마워."

내 충고에 채연이가 활짝 웃었어. 그런 우리를 보고는 선생님이 입을 여셨어.

"자, 힌트를 하나 줄게. 보물의 개수를 빠뜨리지 않으려면 빈칸을 중심으로 정사각형을 그려서 그 안에 들어 있는 보물의 개수를 구하면 쉬워."

난 어렵지 않게 빈칸을 채웠어. 지뢰 찾기가 이런 수학 문제에 도움이 되다니! 신기할 뿐이었어.

보물이 있는 곳의 이유를 설명하기

선생님은 다시 두 개의 보물 지도를 그리고는 말씀하셨어.

"이건 아주 간단한 보물 지도지? 색칠된 부분에만 보물이 숨겨져 있어. 보물이 확실히 있는 곳은 어디일까? 보물이 확실히 없는 곳은 또 어디일까? 보물이 확실히 있다고 생각되는 곳에는 ✦로 표시하고, 확실히 없는 곳에는 ✕로 표시해. 그리고 그 이유도 말해 봐."

난 누구보다 금방 문제를 풀어냈지.

나는 친구들 앞에서 보물을 하나씩 찾으면서 설명을 하기 시작했어.

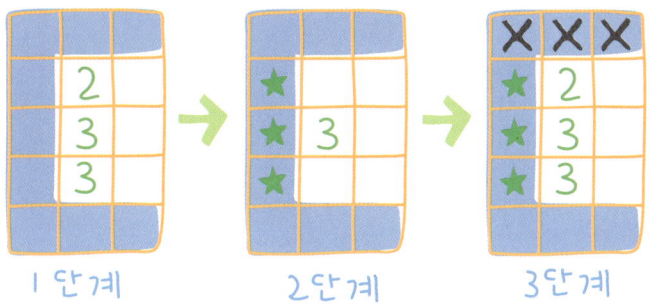

"보물 지도에서 가운데 3을 둘러싸고 있는 사각형의 개수가 3개예요. 그러므로 세 곳 모두 보물이 숨겨져 있어요. 이때 숫자 2를 둘러싸고 있는 사각형의 개수는 5개이고, 이 중에서 두 곳에 보물이 숨겨져 있어요. 그러니까 나머지 세 곳에는 보물이 확실히 없어요."

"정말 쉽게 풀어냈구나. 두 번째 보물 지도도 풀 수 있겠니?"

난 보물을 찾아가는 후크 선장처럼 비장한 얼굴로 다시 설명을 하기 시작했어.

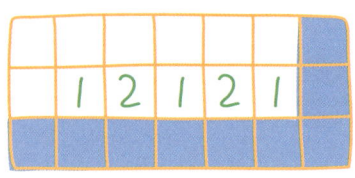

"가장 왼쪽에 있는 1, 2를 우선 생각해 보면 돼요."

"1에 의해 보물이 한 개 있는 곳을 일단 물음표(?)로 표시해요. 그러면 2를 둘러싸고 있는 물음표 칸들 중 한 곳에 보물이 1개 있으므로 나머지 한 개의 보물은 ♣칸에 있다는 걸 알 수 있어요."

"2의 오른쪽에 있는 1을 둘러싸고 있는 칸들을 살펴보면 확실하게 보물이 없는 칸들을 알 수 있어요. 2를 둘러싼 물음표 칸에 보물이 하나 더 있어야 하니까 이렇게 보물의 위치를 알 수 있어요."

"2의 결과를 이용해 나머지 숫자들을 살펴보면, 오른쪽에서 2번째 숫자 2를 둘러싼 칸에 보물이 2개 있어야 해요. 그러니까 ㄱ에 보물이 있다는 것을 알 수 있어요. 그리고 가장 오른쪽 숫자 1을 둘러싸고 있는 ㄱ, ㄴ, ㄷ, ㄹ 중에 보물이 1개 있어야 하는데, ㄱ에 보물이 있으므로 ㄴ, ㄷ, ㄹ에는 보물이 없다는 걸 알 수 있지요."

"와! 보물 사냥꾼이네!"
아이들이 혀를 내두르며 칭찬했어. 으흐흐, 이렇게 기쁠 수가!

보물 찾아 표시하기

"보물이 숨겨진 곳들을 모두 찾아 ✦로 표시해 봐."

선생님이 조금 더 어려운 문제를 내셨어.

2	1	2	2	1	1
3					1
3	1	2	1	2	1

처음에는 어려워 보였고 어떻게 풀어야 할지 답답했지. 그런데 가만히 살펴보니까 방금 전에 푼 문제를 더 크게 만든 거였어. 역시 신나라 선생님은 한 단계씩 우리의 능력을 끌어올려 주신다니까!

난 방금 전에 풀었던 문제에서 찾은 보물의 위치를 바탕으로 나머지 부분의 보물을 찾기 시작했어.

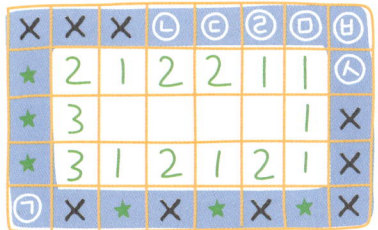 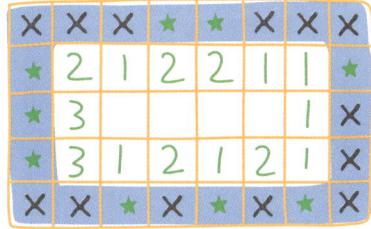

우선 ㉠이 닿아 있는 3은 그 주위에 이미 3개의 보물이 숨겨져 있으므로 ㉠에는 보물이 없는 게 확실해. ㉡이 닿아 있는 두 개의 2 중 왼쪽 2를 살펴보면 ㉡, ㉢에 보물이 있다는 걸 알 수 있지. 바로 옆의 1을 둘러싼 ㉣, ㉤에는 보물이 없는 것도 확실히 알 수 있어. ㉥에 닿아 있는 두 개의 1 중에서 아래쪽에 1이 있으니까 ㉥에 보물이 있어야 해. 그래서 ㉦에는 보물이 없다는 걸 알아냈어.

이번에는 나뿐만 아니라 다른 친구들도 문제를 해결해 냈어. 보물지도를 찾는 재미에 친구들도 점점 더 빠져드는 모양이었어.

"좋아! 이번에는 조금 더 어려운 문제!"

신나라 선생님도 신이 난 모양이었어.

"다음 보물 지도들에서 확실하게 보물이 숨겨져 있다고 생각되는 곳에는 ✦을, 확실히 없다고 생각되는 곳에는 ✕를 표시하고, 그 이유를 설명해 보자."

그런데 내 옆에 앉은 수인이가 이렇게 ✕를 표시했어.

"수인아, 그건 잘못한 거야."

내가 수인이의 귀에 대고 속삭였어.

"왜?"

"숫자 주위가 아닌 빈칸에 보물이 없다는 표시를 할 수 없어. 숫자 주위가 아닌 곳은 보물이 있는지 없는지 알 수 없으니까 잘못된 거야."

"아!"

수인이가 이마를 쳤어. 우리는 끙끙거리며 문제를 풀었어. 한참 동안이나 어느 누구도 고개를 들지 않았어.

나를 비롯해 몇 명의 아이들이 손을 들었어. 선생님은 우리에게 차례대로 나와서 보물 지도에 표시를 하면서 설명을 해 보라고 하셨어.

"0을 둘러싸고 있는 세 곳에는 보물이 없어요."

"아래쪽 2를 둘러싸고 있는 칸들은 2개(㉠과 ㉡)이므로 ㉠과 ㉡ 모두 보물이 있어요."

"위쪽 2를 둘러싸고 있는 네 곳 ㉠, ㉡, ㉢, ㉣ 중에서 ㉠과 ㉡에 이미 보물이 있으므로 ㉢과 ㉣에는 보물이 없어요."

우리들은 모두 보물이 있는 곳과 없는 곳을 찾아냈어.

문제는 점점 더 어려워졌지만, 우리는 점점 더 재미가 붙었어. 어떤 문제라도 해결하지 못할 문제는 없는 것 같았어.

0		1	1	
	2		2	
	3			1
				1
0	2		3	
		1		0

선생님이 다시 문제를 내셨어. 선생님이 말씀을 하기도 전에 우리는 백 미터 달리기를 하는 선수처럼 재빨리 보물이 확실히 있는 곳과 없는 곳을 찾아 표시하기 시작했어.

난 수인이랑 같이 팀을 이뤄서 보물을 찾았어.

0	✗	1	1	ㄴ
✗	2	ㄱ	2	ㄷ
	3			1
✗	✗			1
0	2	ㄹ	3	✗
✗	✗	1	✗	0

0을 둘러싸고 있는 사각형에는 보물이 없으니 ✗ 표시를 해. 그

다음에 1을 둘러싸고 있는 칸들 중 한 곳에만 보물이 있으므로 ㉠과 ㉣에 보물이 있고, ㉡과 ㉢에는 보물이 없어.

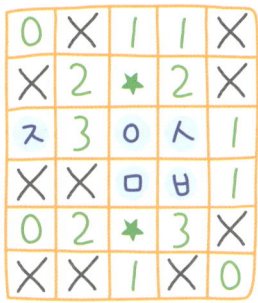

2를 둘러싸고 있는 칸들 중 두 곳에만 보물이 있으므로 ㉤에 보물이 있어. ㉥ 아래 3 주변 칸들에 보물 세 개가 있어야 하므로 ㉥에는 보물이 있어. 그러면 ㉦에 보물이 없고 ㉧에 보물이 있다는 걸 알 수 있어. ㉨ 옆의 3 주변엔 이미 보물이 3개가 있으므로 ㉨에는 보물이 없어야 해.

보물이 있는 곳 모두 찾아 표시하기

"숫자가 있는 곳에는 보물이 없고, 그 숫자를 둘러싸고 있는 사각형 중에는 그 숫자만큼 보물이 있어. 보물이 있는 곳을 모두 찾아 표시해 봐."

1	2	1			1
				3	2
3		4		3	
			0		2
2			1		2
	2	1		1	
	2			1	1

지금까지 풀었던 문제 중에서 가장 어려운 문제였어.

칸의 개수가 늘어났지만, 앞에서 배운 문제 해결 전략으로 해결할 수 있다고 나는 생각했어. 보물이 확실히 있다고 생각되는 곳은 ✸로 표시하고, 없다고 생각되는 곳은 ✕로 표시했어.

"실력에 따라 많이 찾아내는 사람도 있고, 적게 찾는 사람도 있을 거야. 최선을 다해 찾아봐."

선생님이 우리를 응원해 주셨어.

"수인아, 우리 보물이 없는 곳부터 찾자. 그 다음에 있는 곳을 찾는 거야. 그러면 제일 빨리 찾을 수 있을 거야."

수인이와 나는 의견을 주고받으며 ✕를 하기 시작했어.

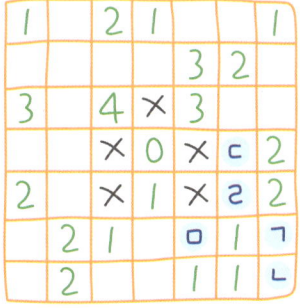

"0을 둘러싸고 있는 칸들에는 확실하게 보물이 없어."

"㉠ 위쪽의 2를 둘러싸고 있는 3곳(㉠, ㉢, ㉣) 중 두 곳에 보물이 있어. 그런데 ㉠ 왼쪽의 1에 의해 ㉠과 ㉣ 중 한 곳에만 보물이 있으므로 ㉢에는 반드시 보물이 있어야 해. ㉠과 ㉣ 중 한 곳에 반드시 보물이 있으므로 ㉠ 왼쪽의 1에 의해 ㉡과 ㉤에는 보물이 없어."

"㉡과 ㉤에 보물이 없으니까 ㉡ 왼쪽의 1에 의해 ㉠에 반드시 보물이 있어야 해. 그러면 ㉣엔 보물이 없어야 해."

"㉥ 위의 1에 의해 ㉥에 보물이 있어야 하고, 그 결과 ㉥ 옆의 1에 의해 ㉦, ㉧, ㉨에는 보물이 없게 돼. 또 ㉩ 옆의 2에 의해 ㉪과 ㉩에 보물이 있음을 알 수 있고 ㉨에는 보물이 없어."

이번엔 보물이 있는 곳을 찾기 시작했어.

"4를 둘러싸고 있는 5곳(㉮, ㉯, ㉰, ㉱, ㉲) 중 보물이 확실히 있는 곳이 어딜까?"

"㉮, ㉯, ㉰, ㉱, ㉲ 가운데 한 곳을 제외한 네 곳에 보물이 있잖아. 그런데 ㉰ 위의 1에 의해 ㉯, ㉰ 중에 한 곳에만 보물이 있어. 따라서 4를 둘러싸고 있는 나머지 세 곳인 ㉮, ㉱, ㉲에 모두 보물이 있는 거지."

"㉮, ㉱, ㉲에 모두 보물이 있으면 ㉱ 왼쪽의 3에 의해 ㉳와 ㉴에는 보물이 없어."

"보물을 모두 찾아 표시해 보자. ㉣ 왼쪽의 3에 의해 ㉰와 ㉣에 보물이 있어. 그러면 ㉯에는 보물이 없어야 해."

"보물이 있는 ㉰ 위쪽 칸이 1이니까 ㉠에도 보물이 없어."

"㉠ 아래의 3에 의해 ㉡에 보물이 있어."

"그럼 ㉢엔 보물이 없고, ㉤ 아래의 2에 의해 ㉤에도 보물이 없어."

"다 찾은 사람?"

"저요!"

나보다 수인이가 먼저 손을 들었어. 그리고 우리가 찾은 보물 지도를 자랑스럽게 내밀었어.

1	X	2	1	X	★	1
X	★	X	★	3	2	X
3	★	4	X	3	★	X
X	★	X	0	X	★	2
2	X	X	1	X	X	2
★	2	1	★	X	1	★
★	2	X	X	1	1	X

"와, 지뢰 찾기 대장이 보물찾기도 대장이로구나."

선생님께서 두 팔로 우리를 어깨동무해 주셨어. 난 수학이 게임처럼 재미있다는 걸 그제야 깨달았어. 너희도 어서 도전해 봐!

아참, 처음에는 어려울 수 있으니까 나만의 문제 해결 방법을 알려 줄게. 아무한테나 알려 주는 게 아니니까 잘 들어 둬.

보물찾기 비법

1. 숫자 0을 둘러싸고 있는 칸에는 확실히 보물이 없으므로 그 칸에 ✕를 표시한다.
2. 네 귀퉁이 또는 네 변과 같이 둘러싸는 칸의 개수가 적은 곳의 숫자를 토대로 확실히 보물이 있는 곳과 확실히 보물이 없는 곳을 찾아낸다.
3. 여러 숫자들을 동시에 만족해야 하는 빈칸들 중 보물이 확실하게 있는 곳과 없는 곳을 찾아본다.
4. 확실하게 발견한 곳들을 중심으로 계속 위의 방법으로 보물이 있는 곳과 없는 곳을 구분해서 찾는다.

파이널 미션

보물이 확실히 있는 곳과 없는 곳은 어디일까?

다음 보물 지도에서 보물이 확실히 있다고 생각되는 곳은 ★로 표시하고, 없다고 생각되는 곳은 ✗로 표시해 봐.

	0		
1	1	3	3
	1		4
2			4
	2	2		2
		2	1	

룰이히 앗이름

보물지도에 적혀있는 A, B, C … 를 표시한다. 0을 둘러싸고 있는 칸들에는 보물이 없으므로 B, C, D에는 보물이 없다. 1에도 보물이 있는 칸들 중 정확히 한 칸에만 보물이 있으므로 G, H, I 중에서 한 칸에 보물이 있고, 마찬가지 방법으로 주사해 보면 위에 의해 보물이 I 개 있으므로 완전한 보물이 있다. 따라서 그 나머지 칸에는 보물이 없다.

같은 방법으로 계속하면 보물이 있는 곳과 없는 곳을 알 수 있다.

파이널 미션

- U 으로끝나고 있는 단어들은 R, U 두 글자에만 공통으로 끼고 각 글자에 쓰임이 있다.
- Q 으로끝나고 있는 단어들 중에 앞에 N에 쓰임이 있으므로 G 끼고 T에는 쓰임이 없다.
- R 아래쪽에 1 글자로끝나고 있는 단어들 중에 R에 쓰임이 있으므로 S에 T에는 쓰임이 없다.
- S 으로끝나고 있는 단어들 중에 가장 왼쪽 S, V에 쓰임이 있으므로 P에 W에는 쓰임이 있다.
- 3글자로끝나고 있는 단어들에는 P이 꼭 포함하여야 있으므로 C 아래쪽에 있으므로 3글 단어끼고 있는 단어들 중에 C, 1에 쓰임이 생각하여 없으므로 J, G, D에 쓰임이 있다.
- M 아래 2글 단어끼고 있는 단어 중에 U, R에 이미 2개의 쓰임이 있으므로 N에는 쓰임이 없다.
- G 아래쪽 4글 단어끼고 있는 단어 중에 G, J, P에 쓰임이 3개이므로 남은 K에는 쓰임이 있다.
- E에 아래 3글 단어끼고 있는 단어 중에 D, G, K에 쓰임이 있으므로, E에는 쓰임이 없다.
- T 왼쪽에 2글 단어끼고 있는 단어 중에 어미에 쓰임이 있고, 다른 쪽으로는 쓰임이 없으므로 H에는 쓰임이 있고, V에는 없다.

권유정의 수학일기 ⬜년 ⬜월 ⬜일

보물찾기

권유정(경기 산본, 둔전초등학교 3학년)

오늘 보물찾기를 배웠다. 보물찾기는 숫자와 빈칸으로 이루어진 보물 지도를 보고 보물의 위치를 알아내는 것이다. 숫자를 둘러싼 빈칸 중에 보물이 있단 소리다. 보물은 숫자의 수만큼 있다.

예를 들면

가	나	다	라
마	3	바	사
아	자	차	카
타	파	하	1

3을 둘러싼 ㉮, ㉯, ㉰, ㉱, ㉲, ㉳, ㉴, ㉵ 중에 세 곳에 있고, 1을 둘러싼 ㉶, ㉵, ㉱ 중 한 곳에 보물이 있다는 것이다. 만약 0이 나온다면 그것을 둘러싼 빈칸에는 보물이 없단 소리다. 이젠 문제를 풀어 보자 (보물이 있으면 ★, 없으면 ×표).

일단 세 개의 0을 둘러싼 ①, ⑧, ⑨, ⑩, ②, ㊽, ㊿, ㊼, ㊶, ㊽, ㊺, ㊿, ㊻, ㊾, ㊼, ㊶ 에는 ×표를 치자. 맨 아래에 있는 0의 옆에 있는 3을 둘러싼 ㊽, ㊾, ㊿, ㊻, ㊶ 중에서 ㊿, ㊶ 은 ×표가 되어 있으니까 ㊽, ㊾, ㊻ 에는 보물이 있는 것이다.

그리고 첫 번째 0의 세 칸 옆에 있는 5를 둘러싼 ③, ⑪, ⑫, ⑬, ④는 5개니까 모두 다 ★표를 한다. 그리고 맨 첫 번째 오른쪽 귀퉁이에 있는 3을 둘러싼 ⑦, ⑮, ⑯은 세 개니까 다 ★표를 친다. 맨 아래 있는 2는 옆의 3의 별표가 다 있으니까 나머지 빈칸에는 ×표를 친다.

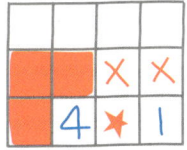

맨 아래 있는 2의 옆에 있는 1은 한 칸밖에 없으니까 73에다 ★표를 친다.

맨 아래의 1 옆에 있는 4는 빈칸 5개 중 2개에 ×표, 하나에는 ★표가 쳐져 있다. 남은 빈칸은 3개니까 그곳에 모두 다 ★표를 치면 ★은 4개가 된다.

마지막 줄의 왼쪽에서 여섯 번째 칸에 있는 2는 벌써 별이 두 개 있으니까 나머지에다 ×표를 친다. 방금 전에 찾은 2의 두 칸 위쪽에 있는 1은 아래 2의 ★의 한 개가 있으니까 나머지는 다 ×표를 친다.

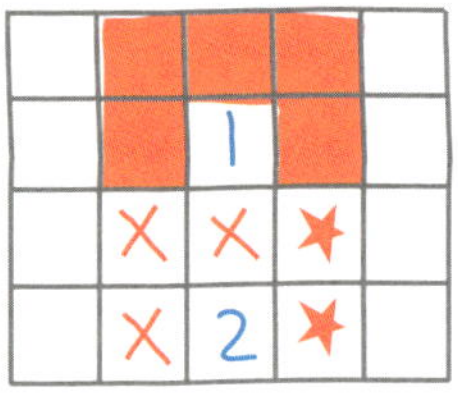

윗줄에서 두 번째 줄의 오른쪽에서 세 번째 칸의 2는 3의 별 중 2개가 있으니 나머지에 ×표를 친다.

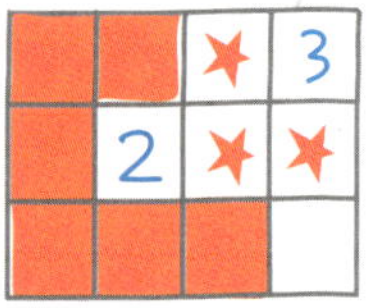

위에서부터 세 번째의 6에는 8칸이 있고, 4칸에 ×표와 ★표가 각각 2개씩 쳐져 있다. ★이 2개니 나머지 4칸에다 ★표를 치면 된다.
방금 전에 한 6의 아래 아래에 있는 3은 6의 ★ 중 세 개가 들어 있으니까 다 ×표를 치고 3의 옆, 옆에 있는 1은 6과 3의 별 중 한 개가 있으니까 다 ×표를 친다.
방금 전의 1의 위에 있는 5는 곁의 빈칸에 5개의 ★표가 다 되어 있으니까 나머지에는 다 ×표를 친다. 위에서 6칸 먼 왼쪽의 1은 빈칸에 한 칸 빼고 전부 ×표가 쳐져 있으니까 그 나머지 ㉜에 ★표를 친다. 방금 전의 1 위에 있는 2의 곁에 있는 빈칸에 ★표 2개가 있으니까 나머지에 ×표를 친다. ㉚번에 ★표를 넣으면 ㉛, ㉙, ㉟, ㊱, ㊲에 ×표가 쳐진다. 그리고 ㊹, ㊺, 54에 ★표를 넣으면 55, ㊻, 61에는

×표가 들어간다.
그러나 ㊳에는 있는지 없는지 그것은 모른다.

이 문제는 내가 만든 것이라서 좀 실수한 것 같다.
하지만 그 실수가 나의 단점을 고치게 해줄 수도
있다. 실수는 곧 자신의 단점을 알고 고치려고
노력하게 만들어 준다. 장점을 키우는 사람은
미래도 다르다. 실수와 단점을 고치려고
노력할수록 나의 장점이 커질 것이다.

규칙을 이해하면 실마리가 풀려!

선생님의 한마디

와, 대단한데 이렇게 큰 문제를 만들다니!
'보물찾기'는 숫자와 빈칸으로 이뤄진 보물 지도를 보고, 주어진 규칙에 맞게 보물을 찾는 활동이야. 정답을 찾기 위해 여러 가지 아이디어를 생각하고 문제 해결의 실마리를 찾아야 하지. 그러면서 그 과정을 통해 다양한 문제 해결 전략을 깨닫게 되는 거야.
유정이의 일기를 보면 보물찾기 문제를 직접 만들고, 이 문제를 해결하는 과정을 구체적으로 적어 주었구나. 주어진 실마리를 잘 이용해 문제를 해결하는 과정을 잘 표현했어. 또 실수를 당당히 받아들이고 긍정적인 마음으로 앞으로 어떻게 해야겠다는 다짐도 표현했구나.
지금 쓴 수학일기는 아주 훌륭해. 너만의 수학 능력이 돋보이는 것 같아.
앞으로도 지금처럼 너만의 장점을 살리고, 수업 시간에 배운 내용뿐만 아니라 더 알고 싶은 것, 탐구하고 싶은 것을 적어 본다면 더욱 깊이 있게 수학적 창의사고력을 키워 갈 수 있을 거야.

그림과 기호로 문제를 해결하라

〈교과서 찾아보기〉
- 5학년 2학기 8. 규칙 찾기

〈창의사고력 수학〉
- 식을 세워 문제 풀기
- 기호를 이용해 문제 풀기
- 그림을 그려 문제 풀기

"범인은 바로 당신이야!"

어젯밤 잠을 자다가 친구들이 깜짝 놀라 벌떡 일어났대. 내가 이렇게 소리쳤기 때문이지. 난 아마 꿈속에서 범인을 잡고 있었나 봐. 그런 꿈을 자주 꾸거든.

나는 탐정이 되고 싶은 수인이야. 너무 탐정이 되고 싶어서 그런지 탐정 꿈을 종종 꿔. 모자를 삐딱하게 쓰고, 눈빛을 반짝이면서 범인이 남긴 흔적을 추적하는 거야. 내가 쫓는 범인은 좀도둑

처럼 시시한 범인들이 아니야. 머리가 엄청나게 좋은 괴도 루팡 같은 지능범들이지. 하지만 나 같은 명탐정에게 걸리면 절대 빠져나갈 수 없어.

나는 날마다 탐정 만화책과 만화 영화에 푹 빠져 살았어. 미래의 명탐정이 될 날을 꿈꾸면서 말이야. 엄마는 그런 나를 못마땅하게 여기셨지만, 그건 아직 내 실력을 몰라서 그러시는 거야.

아참, 우리 엄마는 수학 선생님이야. 그래서 툭하면 내게 수학 문제를 내면서 알아맞혀 보라고 하시는데, 그건 정말이지 세상에 하나밖에 없는 자식한테 못할 짓이라고 생각해. 예를 들면 이런 거야.

하루는 엄마와 함께 마트에 갔어. 나는 엄마한테 초콜릿과 아이스크림을 사 달라고 했지. 마침 마트에서는 초콜릿 판촉 이벤트를 하고 있었어. 초콜릿을 5개씩 묶어서 파는데, 한 묶음을 사면 왕사탕 1개를 더 주는 거야. 엄마와 나는 초콜릿과 아이스크림을 사서 집으로 돌아와 초콜릿과 왕사탕, 아이스크림의 개수를 세어 보았더니 모두 31개였어. 내가 막 초콜릿을 까먹으려는 순간, 엄마는 갑자기 내게 물었어. 마치 범인을 심문하는 듯한 목소리로 말이야.

"잠깐! 그냥 먹게 놔둘 것 같아?"

"그럼 돈 내고 먹어요?"

"퀴즈를 맞혀서 통과해야지!"

"또요?"

난 속으로 망했다고 생각했어. 엄마가 내는 문제는 결코 쉬운 게 아니거든. 하필이면 이 순간, 수학 귀신이 엄마를 찾아올 줄이야!

"아이스크림의 개수는 초콜릿의 개수의 $\frac{3}{5}$보다 4개 더 많아. 그러면 초콜릿과 아이스크림을 각각 몇 개씩 산 걸까?"

"몰라요!"

내가 소리쳤어.

"넌 이런 문제도 못 맞히면서 탐정이 되겠다고 만화책에 빠져 사니? 네가 범인을 잡는 게 아니라, 범인이 널 잡겠다."

"수학이랑 탐정이랑 무슨 상관이에요?"

난 손톱으로 초콜릿 귀퉁이를 파먹으면서 엄마의 눈치를 살짝 보았어.

"탐정처럼 문제를 잘 해결하려면 무엇이 필요한 줄 알아? 자신이 겪었던 경험과 지식, 직관력, 신념, 그리고 그 밖의 다양한 능력을 통합하고 조절하는 복합적 사고력을 가져야 해."

"뭐가 그렇게 복잡해요? 수학 문제는 공식만 외우면 되는 거 아니에요? 공식에 수를 딱딱 넣으면 답이 딱딱 나오던데."

그러자 이번에는 엄마가 혀를 내둘렀어.

"수인아, 답을 구하려고 공식을 이용하는 것은 기계적인 방법이야. 그건 기계나 하는 거지. 사람들이 성능 좋은 계산기나 한 대 사면 되지, 왜 복잡하고 어려운 수학 공부를 하겠어?"

'하긴 계산기도 컴퓨터도 사람이 시키지 않으면 일을 못 하지.'

나는 속으로 생각하며 고개를 끄덕였다.

"다양한 문제들을 해결하려면 문제를 해결하는 다양한 방법과 전략을 알고 있어야 해. 문제를 올바르게 해결하기 위한 계획을 세울 줄 알아야 문제 해결 능력을 높일 수 있는 거야. 문제 해결의 다양한 전략을 익혀야 문제 해결 능력을 높일 수 있어."

"그럼 탐정이 되려면 문제 해결 전략을 알아야겠네요?"

내가 묻자 엄마는 "그렇지!" 하고 손뼉을 짝 치셨어. 오랜만에 엄마가 내 말에 동의를 해 주셨지.

"엄마가 낸 문제는 어떻게 해결해야 해요? 그 문제에도 해결 전략이 있어요?"

"물론이지. 그림이나 기호를 이용해 문제를 해결하는 전략을 쓰면 금방 해결할 수 있어."

"그림이나 기호?"

수학 문제를 그림이나 기호로 풀어낸다는 소리는 처음 들어 보았어. 그림이나 기호라는 소리에 나는 탐정이 되려면 꼭 필요한 능력 같다는 느낌이 들었지.

"그래서 넌 가야 할 데가 있어. 바로 너 같은 명탐정을 꿈꾸는 어린이라면 꼭 가야 하는 곳이지."

"그곳이 어딘데요?"

그런데 그곳은 바로…… 그래, 내가 이곳 캠프에 온 건 바로 이런 구구절절한 사연 때문이야. 난 정말이지 탐정 학교인 줄 알고 왔는데, 맙소사, 여긴 골치 아픈 수학 캠프였어!

과수원에서 문제 해결력을 높이기

난 수학은 교실에서나 배우는 것인 줄 알았어. 그런데 오늘 신나라 선생님이 우리를 과수원으로 데려갔어. 나는 과일을 배부르게 먹겠구나 싶어서 속으로 콧노래를 흥얼거렸지. 물론 혹시나 과수원 도둑이 있지 않은지 탐정 같은 눈으로 주위를 살펴보면서 말이야.

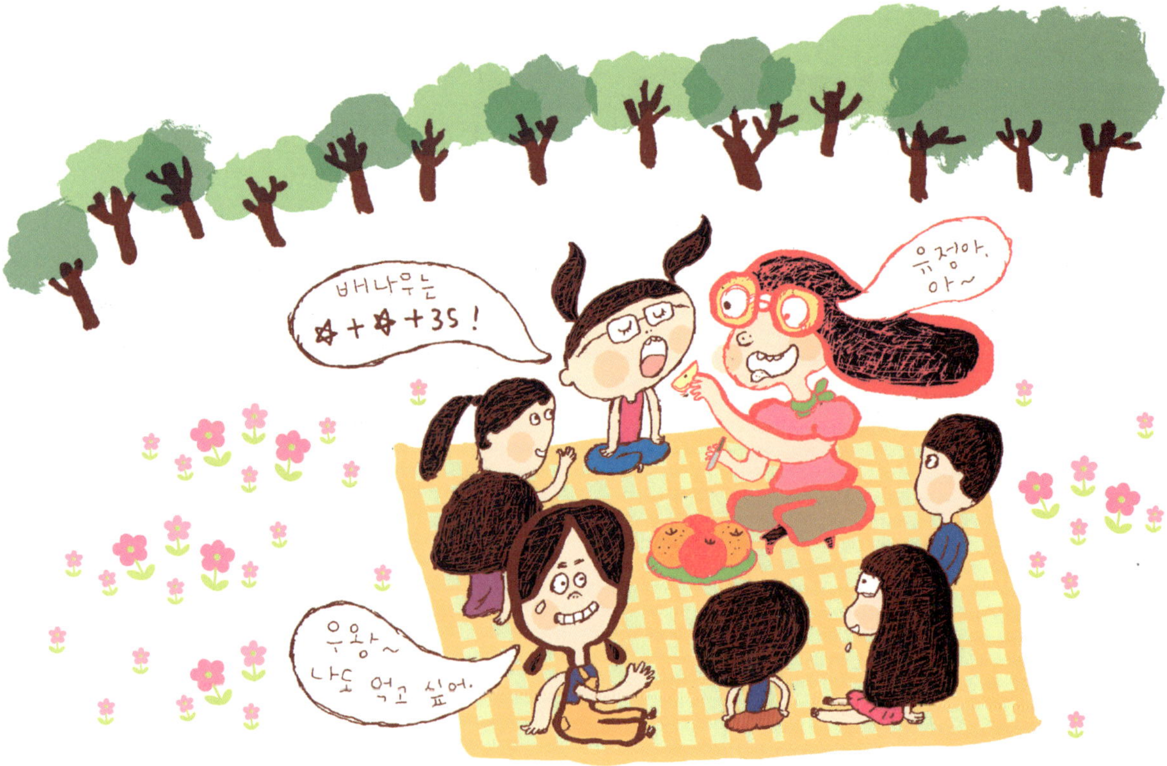

그런데 신나라 선생님이 갑자기 이런 문제를 내시는 거야.

"여기 과수원에는 사과나무와 배나무가 모두 410그루 있어. 배나무는 사과나무의 2배보다 35그루 더 많아. 사과나무와 배나무의 수를 구해 봐. 맞히는 사람만이 사과와 배를 먹을 수 있다!"

아, 세상에 우리 엄마 같은 엽기적인 선생님이 여기 또 계셨다니! 제발 먹는 거랑 수학이랑 연결시키지 말아 주세요!

난 어쩔 수 없이 문제를 푸는 척했어. 문제가 너무 어려워서 도저히 풀 자신이 없었거든. 나는 수학도 잘 못하고, 계산도 역시 잘 못해. 그런데 나뿐만이 아니었나 봐. 다른 친구들도 잘 익은 사과와 달콤한 향기를 풍기는 배를 바라보며 군침만 흘리고 있었어.

"힌트를 주마. 그림이나 기호를 이용해 문제를 쉽게 해결할 수 있어. 문제에서 주어진 관계를 그림이나 기호를 이용해 나타내 봐. 사과나무의 그루 수를 ✦ 이라고 하고, 배나무의 그루 수도 ✦ 로 나타내 봐."

어휴, 어떻게 힌트가 문제보다 더 어렵니? 힌트가 맞긴 맞는 건가?

그런데 나와는 다르게, 유정이는 문제를 풀기 시작했어. 난 유정이의 공책을 어깨 너머로 살펴보았어. 그건 마치 암호 같았어.

"사과나무의 2배는 ✦+✦ 이에요. 배나무는 사과나무 2배(✦+✦)에 35그루 더 많으니까 ✦+✦+35로 나타낼 수 있어요. 그러므로 배나무는 ✦+✦+35입니다."

"오우! 유정이가 이렇게 쉽게 풀어내다니!"

선생님은 빨갛게 익은 사과를 맛있게 깎아 유정이의 입속에 넣어 주셨어. 아삭거리는 소리를 들으니까 내 입에 침이 잔뜩 고였어.

"이제 그림과 기호를 이용해 나타냈으니까 문제 풀기가 한층 쉬워졌지? 사과나무와 배나무는 각각 몇 그루일까?"

난 여전히 어떻게 풀어야 할지 몰라서 멍한 표정을 지었어. 그런데 이번에는 준서가 거침없이 문제를 풀기 시작하는 게 아니겠어?

"사과나무는 ✦ 그루, 배나무는 ✦+✦+35이므로, 모두 ✦+✦+✦+35입니다. 과수원에 사과나무와 배나무가 총 410그루 있으므로 ✦+✦+✦+35=410이고 ✦+✦+✦=375입니다.

따라서 ✦=375÷3=125입니다. 그러므로 사과나무는 125그루, 배나무는 125+125+35=285그루가 있습니다."

준서까지 답을 맞혀 버렸어. 선생님께서 주시는 배를 준서는 입안에 넣고 행복한 표정으로 맛있게 먹었어. 나는 너무너무 준서가 부러웠어. 아, 수학이 나를 이렇게 비참하게 만들다니!

꽃밭에서 문제 해결력 키우기

결국 나는 사과와 배를 한 조각도 먹지 못한 채 과수원을 떠나야 했어. 신나라 선생님은 이번에 우리를 이끌고 어디론가 걸어가셨어. 난 명탐정 같은 감각으로 괴도 루팡 같은 신나라 선생님의 행동을 지켜보았어.

너른 광장을 지나자 우리 앞에 꽃밭이 펼쳐졌어. 붉은 장미꽃과 하얀 백합, 그리고 노란 튤립이 아름답게 피어 있었지. 나비들이 춤을 추고 있었어. 마치 한 장의 그림 같은 풍경이었지. 이런 꽃밭에서 도시락을 까먹으면 참 맛있겠다는 생각이 문득 들었어. 이런 풍경 속에서 난 왜 먹을 것만 생각나는 것일까?

그런데 신나라 선생님은 내 마음을 알았는지 김밥 도시락을 꺼냈어. 반질반질 윤기가 나는 김 위에 고소한 깨가 뿌려져 있었어. 보기만 해도 침이 꼴깍꼴깍 넘어갔어.

"배고프지? 수학은 헝그리 정신을 가질 때 잘되는 거야."

신나라 선생님께서 왠지 의미심장한 미소를 지었어. 설마 여기서도 암호 같은 문제를 내시려는 걸까? 명탐정 같은 내 짐작이 맞지 않기를!

"문제를 맞히는 순서대로 도시락을 나눠 주겠어."

"으악!"

난 비명을 질렀어. 내 비명 소리에도 선생님은 아랑곳하지 않으셨어.

"장미, 백합, 튤립이 모두 64송이가 있어. 장미는 백합의 2배보다 6송이가 많고, 튤립은 백합의 4배보다 5송이가 적어. 백합의 송이 수를 🌷라고 할 때, 장미와 튤립의 송이 수를 🌷를 이용해 나타내 봐. 그리고 장미, 백합, 튤립의 송이 수를 각각 구해 봐."

아, 김밥! 김밥! 내 머릿속에는 김밥이 데굴데굴 굴러다녔어. 저 암호 같은 문제를 맞혀야 해. 문제를 맞혀야 새콤하고 짭조름한 김밥을 내 입안에 가득 넣을 수 있다고! 아, 문제가 뭐였더라? 그래, 좋아. 그림과 기호로 푸는 거야. 풀자, 난 할 수 있어. 김밥, 아, 김과 사랑에 빠진 밥!

난 정신없이 종이에 문제를 풀기 시작했어.

장미는 백합의 2배보다 6송이 많다니까 🌸+🌸+6(송이)만큼 있는 거고, 튤립은 백합의 4배보다 5송이 적다니까 🌸+🌸+🌸+🌸-5(송이)만큼 있어.

쉬워. 쉽다고 생각하자. 스스로 최면을 거는 거야. 그림과 기호를 이용해 장미, 백합, 튤립의 송이 수를 각각 구해 보자.

장미는 🌸+🌸+6

백합은 🌸

튤립은 🌸+🌸+🌸+🌸-5야.

그러니까 총 🌸+🌸+🌸+🌸+🌸+🌸+🌸+6-5야.

꽃밭에 장미, 백합, 튤립이 총 64송이 있다고 했어.

그러니까 🌸+🌸+🌸+🌸+🌸+🌸+🌸+1=64

그렇다면 🌸+🌸+🌸+🌸+🌸+🌸+🌸=63

오! 풀린다, 풀려! 그러니까 답은…….

🌸=63÷7=9

"선생님!"

난 거의 눈이 돌아갈 지경이 된 채 소리를 빽 질렀어. 선생님과 친구들이 놀란 눈으로 한꺼번에 나를 바라보았지.

"다…… 다…… 답을 알아냈어요!"

난 거친 숨을 몰아쉬었어. 그리고 달려 나가 선생님의 손에서 빼앗듯이 김밥을 받아들었어. 난 우물거리면서 답을 말했어.

"장미는 9+9+6=24송이, 쩝쩝! 백합은 9송이, 쩝쩝! 튤립은 9+9+9+9-5=31송이입니다! 쩝쩝쩝!"

"뭐라고?"

"물! 물 주세요! 커억!"

용돈 정확하게 알아내기

나는 시원한 물을 벌컥벌컥 마시고 난 후에야 숨을 몰아쉬었어. 미래의 탐정이 김밥 먹다가 목숨을 잃는다는 건 있을 수 없는 일이잖아.

선생님은 우리에게 하얀 종이 띠를 두 장씩 나눠 주셨어. 이걸로 또 뭘 하려는 걸까? 종이 띠로 수학 공부를 한다는 건 처음 들어 보는데?

"애들아, 잘 들어. 윤호의 용돈은 가영이의 용돈의 $\frac{3}{4}$과 같아. 윤호의 용돈이 7800원이라면, 가영이의 용돈은 얼마나 될까? 이 종이 띠를 이용해 나타내 봐."

선생님은 역시 괴도 루팡처럼 놀라운 암호들을 냈어. 하지만 나, 명탐정

이수인이 여기서 포기할 수 없잖아?

난 한 장의 종이 띠 뒷면에 가영이 용돈이라고 쓰고, 또 한 장의 종이 띠에 윤호의 용돈이라고 썼어.

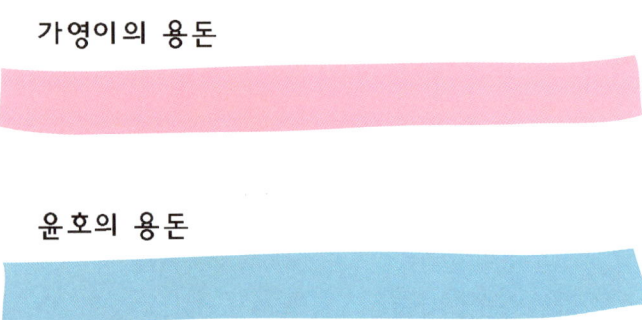

윤호의 용돈이 가영이의 용돈의 $\frac{3}{4}$과 같다고 했으니까, $\frac{3}{4}$만큼 색칠하면 돼. 그러면 몇 등분해야 하지? 그래, 4등분을 해서 3칸을 칠하면 돼. 그러니까 윤호의 용돈을 종이 띠로 나타내면 이렇지.

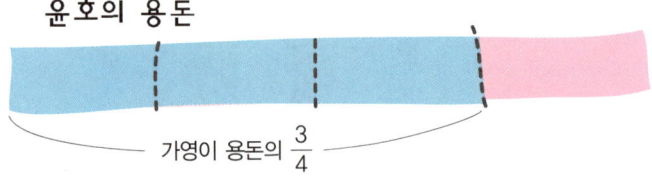

이번에는 가영이의 용돈을 계산할 차례야. 윤호의 용돈이 7800원이라고 했어.

그렇다면 색칠된 3칸이 7800원이란 뜻이잖아. 그러면 한 칸은 7800÷3=2600(원)이야.

가영이의 용돈은 4칸이므로 2600×4=10400(원)이야. 아, 풀었다!

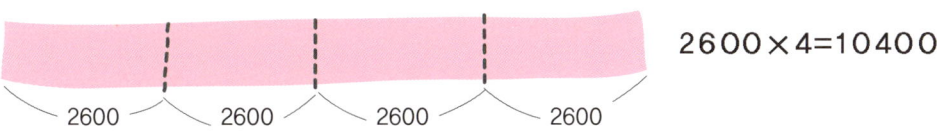

나는 선생님에게 자신 있는 목소리로 "10400원이요!"라고 외쳤어. 신나라 선생님과 아이들이 날 바라보았어. 모두 놀랐다는 표정이었지. 선생님은 미소를 지으면서 고개를 끄덕였어.

"두 번째 문제야. 가영이의 용돈은 민우 용돈의 $\frac{2}{3}$보다 400원 더 많아. 그럼 민우의 용돈은 얼마일까?"

좋아요! 얼마든지 풀어 드리지요. 기호와 그림을 이용하면 어떤 암호도 쉽게 풀 수 있다고요!

민우의 용돈

가영이의 용돈은 민우 용돈의 $\frac{2}{3}$보다 400원 더 많다고 했어. 그렇다면 가영이의 용돈은 띠에 이렇게 나타낼 수 있지.

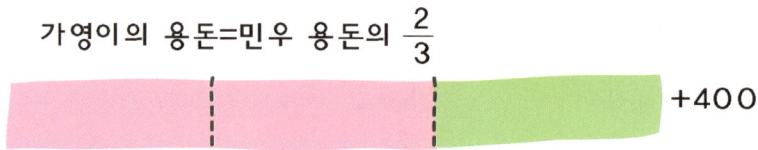

가영이의 용돈은 10400원이니까 색칠된 2개의 사각형은 얼마일까?

그렇지. 10000원이야. 색칠된 2개의 사각형이 10000원이면, 가장 작은 사각형 한 칸은 5000원이야. 따라서 민우의 용돈은 색칠된 가장 작은 사각형 3칸과 같으므로 15000원이야.

"와우! 이수인, 대단한걸!"

선생님이 손뼉을 치시면서 소리쳤어. 친구들도 감탄을 터트리며 믿기지 않는 듯한 눈길로 나를 쳐다보았지. 하긴 그럴 거야. 한 시간 전까지만 해도 김밥이 목에 걸려 버둥거리던 나였으니까.

그래, 역시 나는 명탐정이 될 운명이었어. 수학을 못한다고 해도, 계산 역시 못한다고 해도 명탐정이 되겠다는 나의 의지를 막을 수는 없어. 그림과 기호만 이용한다면 어떤 문제도 풀어낼 수 있으니까.

초콜릿과 아이스크림의 개수를 구하자

친구들이 모두 안으로 들어가고 난 후에도 나는 홀로 벤치에 남았어. 엄마가 내게 냈던 초콜릿과 아이스크림 문제를 확실히 풀고 싶었거든. 아무리 어려운 문제라고 해도, 신나라 선생님이 가르쳐 주신 그림과 기호를 이용한다면 문제를 풀 수 있을 것이라는 생각이 들었어.

난 공책을 펼쳤어.

초콜릿과 아이스크림을 사러 엄마와 함께 마트에 갔어. 마트에서는 초콜릿을 5개씩 묶어서 팔았는데, 한 묶음을 사면 왕사탕 1개를 주는 행사를 하고 있었어. 마트에서 돌아온 후 초콜릿과 왕사탕, 아이스크림의 개수를 세어 보았더니 모두 31개였고, 아이스크림의 개수는 초콜릿 개수의 $\frac{3}{5}$보다 4개 더 많았어. 초콜릿과 아이스크림을 각각 몇 개씩 샀을까?

난 명탐정처럼 심각한 표정을 지으며 생각했어. '그렇다면 초콜릿 10개를 사면 왕사탕 몇 개를 받을 수 있을까? 초콜릿의 개수와 왕사탕의 개수는 어떤 관계가 있을까?'

나는 공책에 그림을 그리기 시작했어.

'종이 띠를 몇 등분해야 할까? 초콜릿 5개를 사면 왕사탕 1개를 주니까, 초콜릿 10개를 사면 왕사탕 몇 개를 줄까? 15개를 사면? 그러면 왕사탕과 초콜릿의 개수의 관계를 구해 볼까?'

다음 종이 띠를 초콜릿의 개수라고 하자.

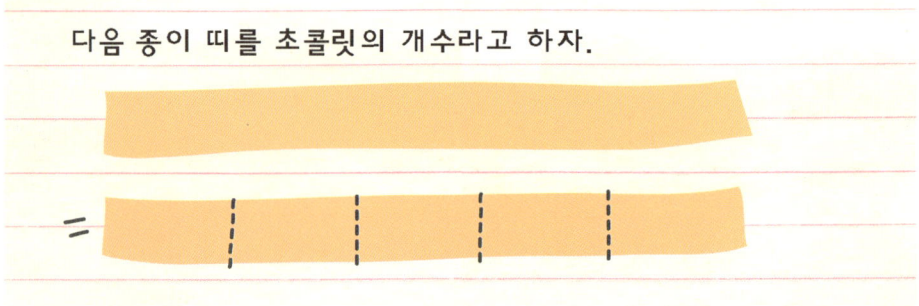

· 아이스크림은 초콜릿 개수의 $\frac{3}{5}$보다 4개 더 많이 샀으므로, 아이스크림의 개수는 다음과 같아.

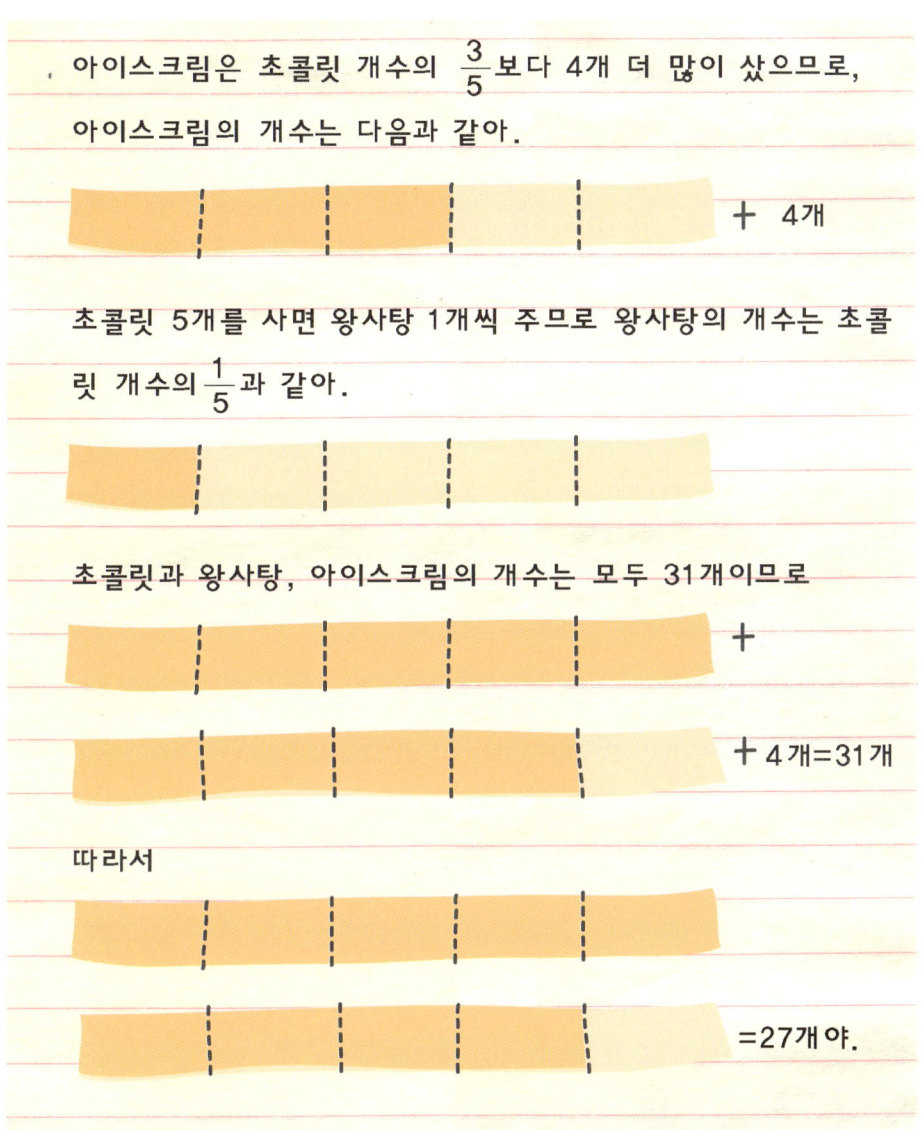

초콜릿 5개를 사면 왕사탕 1개씩 주므로 왕사탕의 개수는 초콜릿 개수의 $\frac{1}{5}$과 같아.

초콜릿과 왕사탕, 아이스크림의 개수는 모두 31개이므로

따라서

이때 색칠된 작은 사각형이 9개이므로 작은 사각형 1개는 27÷9=3(개)야.

그러므로 초콜릿의 개수는 3×5=15개. 왕사탕의 개수는 3개, 아이스크림의 개수는 3+3+3+4=13개인 거야. 야호! 난 엄마가 낸 아주 어려운 문제를 풀어냈어! 엄마도 내가 이 문제를 풀었다는 사실을 안다면 깜짝 놀라시겠지. 어쩜 눈이 튀어나올지도 모르니까 미리 엄마의 눈을 손바닥으로 막고 이야기해야겠어.

나는 오늘 깨달았어. 어떤 문제를 해결하고 싶을 때, 이 두 가지 방법을 쓰면 된다는 것을.

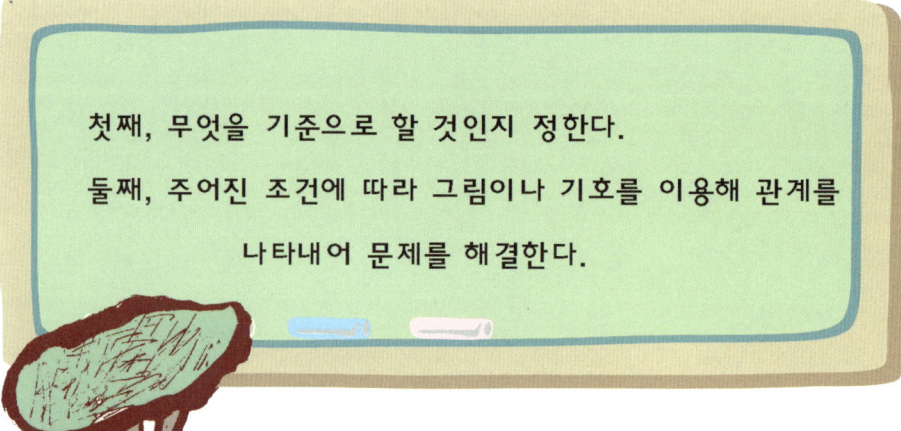

첫째, 무엇을 기준으로 할 것인지 정한다.
둘째, 주어진 조건에 따라 그림이나 기호를 이용해 관계를 나타내어 문제를 해결한다.

앞으로 나, 명탐정 이수인은 어떤 암호도 풀어낼 수 있을 거야! 세상의 모든 괴도들아, 기다려라, 내가 간다!

종이학의 마리 수 구하기

현주, 미연, 재민이는 친구 생일에 종이학 100마리를 접어 선물했어. 미연이는 현주가 접은 종이학의 $\frac{1}{3}$보다 12마리 더 접었고, 재민이는 현주가 접은 종이학의 $\frac{2}{3}$보다 8마리 덜 접었어. 세 사람은 종이학을 각각 몇 마리씩 접었는지 구해 봐.

힌트 현주가 접은 종이학을 사각형으로 나타낼 때, 미연이와 재민이가 접은 종이학을 나타내려면 몇 등분해야 할까? 색칠된 작은 사각형 한 칸은 종이학 몇 마리에 해당할까?

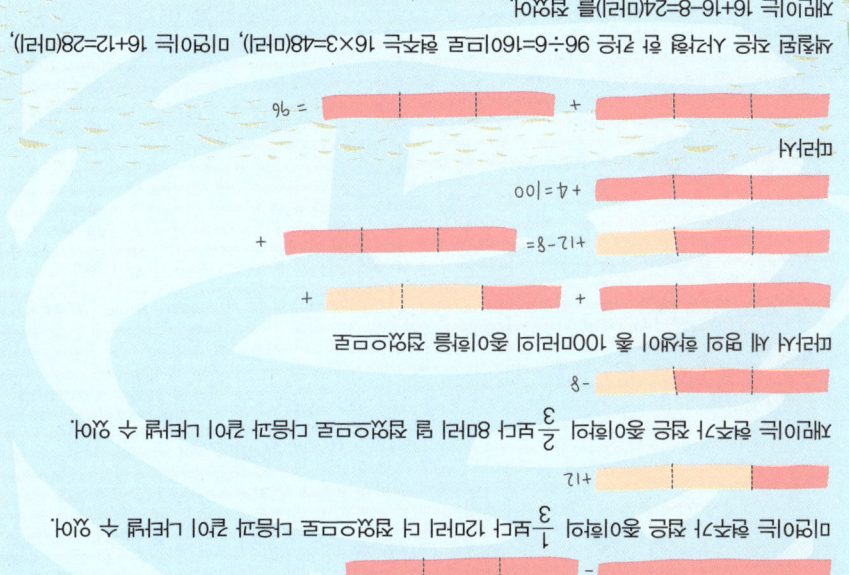

풀이 방법

다음을 현주가 접은 종이학의 마리 수라고 하자.

=

미연이는 현주가 접은 종이학의 $\frac{1}{3}$보다 12마리 더 접었으므로 다음과 같이 나타낼 수 있어.

+12

재민이는 현주가 접은 종이학의 $\frac{2}{3}$보다 8마리 덜 접었으므로 다음과 같이 나타낼 수 있어.

−8

따라서 세 사람이 접은 종이학 총 100마리의 종이학을 합하면

+ + +12 + −8 =100

따라서

+ =96

사각형 하나가 똑같이 6칸으로 나뉘어 있으므로 작은 사각형 하나는 96÷6=16(마리), 미연이는 16+12=28(마리), 재민이는 16+16−8=24(마리)를 접었어.

이수인의 수학일기   년   월   일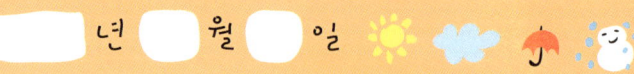

문제를 풀어내는 놀라운 방법 2가지

이수인(서울, 답십리초등학교 3학년)

수학 문제를 풀 때 쉽게 푸는 방법 한 가지를 소개하려고 한다. 즉, 구하고 싶은 양이나 수를 가, 나, □, ☆, ○과 같은 기호로 바꾸어 문제를 풀면 조금 더 쉽게 풀 수 있다.
다음은 각 학교의 학생 수를 구하는 문제인데, 나는 이 문제를 먼저 그림을 그려 보았다.

첫 번째 방법. 그림을 이용해 푸는 방법

탐구초
창조초 35
창의초 12

전체 학생이 599명이라는 점을 이용해 왼쪽 그림과 같은 그림을 떠올릴 수 있다.
식으로 정리하면
☆ × 12 + 35 − 12 = 599이다.
이 식을 더 간단하게 하면
☆ × 12 + 23 = 599
☆ = (599 − 23) ÷ 12
☆ = 576 ÷ 12
☆ = 48

그래서 탐구초=240명, 창조초=179명, 창의초=180명이라는 답을 얻을 수 있었다.

두 번째 방법. 식을 이용해 푸는 방법

소희, 성진, 민호가 각자 마신 우유의 양을 구하는 문제다.
나는 식으로 이렇게 풀었다.

성진이가 마신 우유량을 □라고 하면,

성진 = □

소희 = □ × $\frac{4}{6}$

민호 = □ × $\frac{5}{6}$

□ + □ × $\frac{4}{6}$ + □ × $\frac{5}{6}$ = 450

(□ + □ × $\frac{4}{6}$ + □ × $\frac{5}{6}$) × 6 = 450 × 6

(□ + □ × $\frac{4}{6}$ + □ × $\frac{5}{6}$) × 6 = 2,700

□ × 6 + □ × 4 + □ × 5 = 2,700

□ × 15 = 2,700

□ = 180

그러므로 성진이가 마신 우유는 180(ml),

소희는 $180 \times \frac{4}{6} = 120 (ml)$,

민호는 $180 \times \frac{5}{6} = 150 (ml)$라는 답이 나온다.

수학 문제는 말로만 되어 있을 때는 아주 어려워 보인다. 문제를 정확히 읽어도 그 뜻을 완전하게 이해한다는 것이 무척 어려운 일이다. 하지만 문제를 알기 쉽게 그림으로 그려 낼 수 있다면 문제는 아주 간단해지고, 저절로 답이 나오게 되기도 한다. 그래서 난 항상 수학 문제를 풀 때 연필을 들고 조금 더 정확한 그림과 식을 쓰기 위해 노력한다.

문제를 그림으로 바꿔 풀거나 식으로 바꿔 풀면 어려운 과정이 쉬워진다.

어려운 수학 문제란 '도전'이다. 하지만 나는 어려운 문제에 도전할 때마다 내가 이 문제를 풀어냈을 때의 기쁨과 자신감을 생각한다. 그래서 난 이런 문제에 도전할 수 있게 해 준 선생님이 너무 좋다.

친구들아, 문제 해결 전략을 짜면 문제가 쉬워져!

 ### 선생님의 한마디

　수인이는 문제 해결 전략을 너무나 잘 짰구나. 문제에서 주어진 관계를 그림이나 기호를 이용해 나타내 보고, 이걸 이용해 문제를 해결해 냈어.

　초등학교 학생 수를 ☆ 기호를 사용해 표현하고, 우유의 양을 □ 기호로 나타내서 문제를 쉽게 해결했구나. 수업 시간에 배운 그림을 그리거나 식을 사용하는 문제 해결 전략을 잘 활용해 주어진 문제를 해결하는 과정과 결과를 명쾌하게 정리해서 표현했어.

　무엇보다 해결 과정에서 생각의 흐름이 잘 드러나도록 썼어. 아주 훌륭해. 또 수인이는 수학 공부를 하면서 어떤 마음을 가지고 있는지에 대한 생각과 느낌을 잘 표현했고, 수학에 대한 강한 다짐도 엿보이는구나. 늘 즐겁게 수업하고 끝까지 해결하려고 노력해서 좋아.

　앞으로도 문제를 다양한 방법으로 풀고, 가장 효과적인 전략을 찾도록 계속 노력하자. 도전적이고 어려운 문제를 해결했을 때의 그 성취감을 계속 느껴 보도록 하자.

　마지막으로 수학일기에 더 알고 싶은 점이나 더 탐구하고 싶은 내용도 함께 적어 보렴. 선생님이 기대해 볼게!

꽃밭에서 도형의 넓이를 깨우쳐라

〈교과서 찾아보기〉
- 5학년 1학기 7. 평면도형의 둘레와 넓이
- 5학년 1학기 8. 여러 가지 단위

〈창의사고력 수학〉
- 넓이와 둘레는 어떻게 다를까?
- 삼각형의 넓이는 왜 밑변×높이×$\frac{1}{2}$로 구할까?
- 사각형의 넓이는 왜 가로×세로로 구할까?
- 평행사변형의 넓이는 왜 밑변×높이로 구할까?
- 사다리꼴의 넓이는 왜 (윗변+아랫변)×높이×$\frac{1}{2}$로 구할까?
- 마름모의 넓이는 왜 한 대각선×다른 대각선으로 구할까?

내 이름은 박신형이고, 5학년이야. 수학 캠프에 온 건 내가 오고 싶어 온 게 아니야. 엄마가 신 나게 놀 수 있는 캠프가 있다고 해서 왔는데, 알고 보니 수학 캠프지 뭐야. 신 나게 놀 수 있는 캠프가 아니라, 신나라 선생님이 있는 캠프였어! 망했다!

첫째 날, 신나라 선생님은 우리에게 수학을 가르쳐 주겠다면서 삽과 밧줄을 주셨어. 수학이랑 삽이 무슨 관계인지 몰라서 난 어리둥절했지. 설마 수학 문제를 못 풀면 삽으로 땅을 판 후 밧줄로 묶어서 구덩이에 던져 버리려는

건 아닐까? 난 갑자기 신나라 선생님이 무시무시하게 느껴졌어!

우리가 도착한 곳은 화단이었어. 아주 넓은 화단 말이야! 신나라 선생님이 이렇게 말씀하셨어.

"이것이 오늘의 미션이다! 밧줄로 화단을 둘러싸는 울타리를 만들고 삽으로 꽃을 심어라!"

맙소사! 우리는 수학을 배우러 왔지 일을 하러 온 게 아니잖아? 그런데 신나라 선생님은 여전히 여유 있는 표정을 지으셨어. 마치 이 화단 어딘가에 보물 상자가 묻혀 있기라도 한 것처럼 말이야.

신나라 선생님은 양손을 허리에 대고는 우리를 향해 질문했어.

"정사각형이 직사각형이냐? 아니면, 직사각형이 정사각형이냐?"

아, 이 무슨 이상한 질문이람. 콩나물이 콩이냐, 나물이냐고 묻는 것 같았어. 4학년 때 배웠던 것 같기도 하고…… 난 생각이 안 났어. 하긴, 삽을 든 이 상황에서 무슨 생각인들 제대로 나겠어? 그때 누군가 손을 들었어. 그 친구의 가슴에 달려 있는 명찰에 김민영(대구, 5학년)이라고 쓰여 있었어.

"정사각형이 직사각형입니다!"

"왜?"

"그건…… 더 크잖아요!"

"뭐라고! 너희는 지금까지 수학을 외우는 과목이라고 생각했구나? 공식을 달달 외워서 공식으로 문제를 풀었지? 하지만 그건 껍데기로 문제를 푸는 거야. 수학은 알맹이를 알아야 해. 수학에서 알맹이란 개념과 원리야. 개념과 원리를 정확하게 알아야 비비 꼬여 있는 문제도 풀 수 있는 응용력이 생기는 거야."

신나라 선생님의 말씀에 난 속이 뜨끔했어. 사실, 난 공식도 잘 못 외우는데…….

신나라 선생님과 우리는 밧줄을 들고 직사각형을 만들기 시작했어.

"직사각형이란 네 각이 모두 같은 사각형이지."

우리는 다시 밧줄로 정사각형을 만들었어.

"정사각형이란 네 각이 모두 같으면서 네 변의 길이도 같은 사각형이야. 정사각형의 특징 중에는 직사각형의 특징이 있어. 그러니까 정사각형은 직사각형인 거야. 하지만 직사각형은 정사각형이 될 수 없어. 직사각형 중에는 네 변의 길이가 같지 않은 모양도 있어. 이것은 정사각형이 아니야."

아, 그렇구나. 그렇게 쉬운 것을 난 왜 몰랐담. 정사각형은 직사각형이 될 수 있는 조건을 갖추었지만, 직사각형은 정사각형이 될 수 있는 두 가지 조건을 갖추지 못했잖아. 그러니까 당연히 정사각형은 직사각형이 될 수 있지만, 직사각형은 정사각형이 될 수 없지.

직사각형 둘레의 길이 알아내기

"직사각형 둘레의 길이를 계산하려면 어떻게 해야 할까? 빨리 맞히는 아이는 꽃을 안 심어도 된다."

"저요!"

내가 제일 빨리 손들었어. 쉬운 문제니까.

"둘레의 길이를 더하면 돼요. 5+3+5+3 그러니까……."

흠, 하고 신나라 선생님이 고개를 저었어.

"넌 얼른 가서 꽃을 한 송이 예쁘게 심고 와라. 열 셀 동안!"

난 빛의 속도로 달려가 꽃을 한 송이 심고는 다시 헉헉거리며 달려왔어. 그때까지도 나는 내가 왜 틀렸는지도 몰랐거든.

"신형이처럼 문제를 푸는 건 수학이 아니야. 수학은 빠르고 정교해. 또 수학은 효율적이야. 그래서 수학은 아름다워!"

신나라 선생님은 옆에 있는 칠판에 이렇게 쓰셨어.

직사각형의 둘레의 길이
=가로+세로+가로+세로
=가로×2+세로×2
=(가로+세로)×2=(5+3)×2
=16m

"다시 문제를 내마. 정사각형의 둘레의 길이는 어떻게 계산해야 할까?"

"4+4+4+4……."

"꽃 심고 와!"

"아, 네."

선생님은 다시 칠판에 이렇게 쓰셨어.

정사각형의 둘레의 길이
=한 변의 길이×4=16m

사각형의 넓이 공식 이해하기

"두 번째 미션으로 들어가겠어. 직사각형의 넓이와 정사각형의 넓이는 어떻게 구해야 할까?"

"가로×세로요!"

난 삽을 번쩍 들면서 또 자신 있게 대답했어. 이번에는 정말 맞았을 거야.

"박신형! 얼른 가서 꽃 심고 와! 이번에는 두 송이다!"

"헉! 네?"

내가 왜 틀렸지? 왜 틀린 걸까? 꽃을 다 심고 돌아오는 동안에도 난 정말 이해할 수 없었어.

"직사각형은 가로와 세로가 있지만, 정사각형은 가로와 세로가 없어. 그러니까 가로×세로는 정확한 답이 아니야."

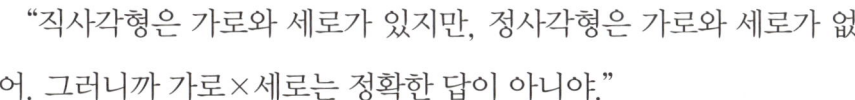

직사각형의 넓이=가로×세로

정사각형의 넓이=한 변의 길이×한 변의 길이

아차! 그렇구나.

신나라 선생님이 다시 질문하셨어.

"왜 사각형의 넓이는 가로×세로일까?"

앗! 나는 단 한 번도 생각해 보지 못한 문제였어. 신나라 선생님의 말씀대로 난 그동안 공식만 달달 외웠나 봐. 그건 다른 친구들도 마찬가지였어. 아무도 대답을 하지 못하고 서로의 눈치만 살폈으니까.

신나라 선생님은 커다란 종이 위에 가로 20m, 세로 15m의 바둑판 그림을 그리셨어.

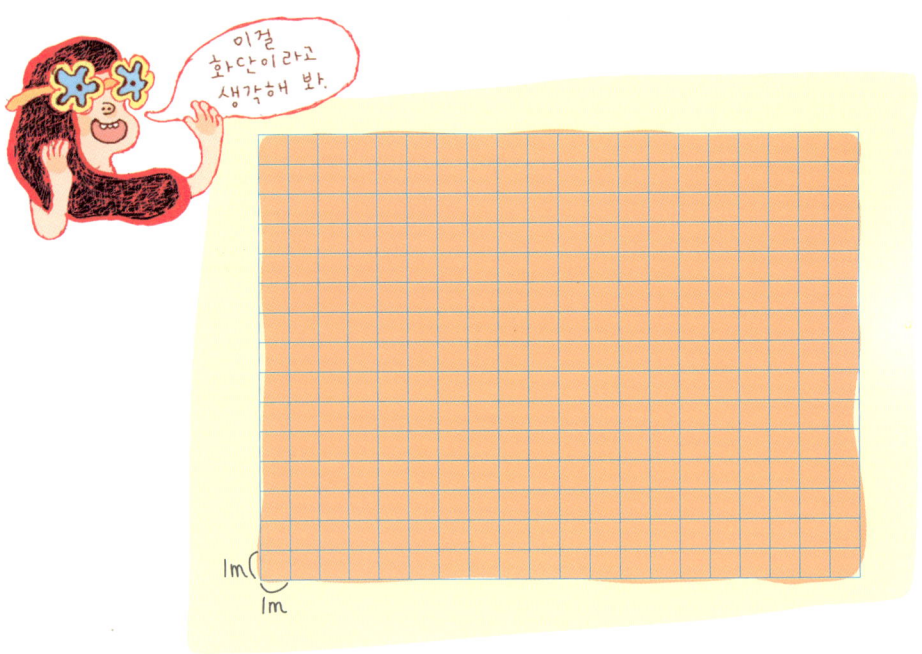

"이걸 화단이라고 생각해 봐. 모눈종이 한 칸의 가로와 세로의 길이는 각 1m야. 모눈 한 칸과 꽃이 담긴 모판 한 개의 크기는 같아. 화단 가득 꽃을 심으려면 모판이 몇 개가 필요할까?"

나는 서둘러 모눈종이를 하나씩 세기 시작했어.

"그걸 왜 세고 그래? 곱해 보면 되잖아."

민영이가 귓속말을 하고는 손을 번쩍 들었어.

"300개요!"

"어떻게 구했지?"

"20×15=300개입니다."

"그렇지. 모눈이 가로로 20개, 세로로 15개가 있어. 그래서 가로×세로를 하면 이 모눈종이에 있는 칸을 구할 수 있겠지? 모두 300개야. 그래서 가로×세로는 넓이를 구하는 공식이 되는 거지."

아하, 하고 나는 감탄을 했다. 저렇게 쉽게 이유를 알아낼 수 있는 거였구나.

다양한 사각형의 넓이 구하는 법

선생님은 우리에게 모눈종이를 한 장씩 나눠 주셨어. 그 모눈종이에는 네 개의 다른 사각형이 그려져 있었어.

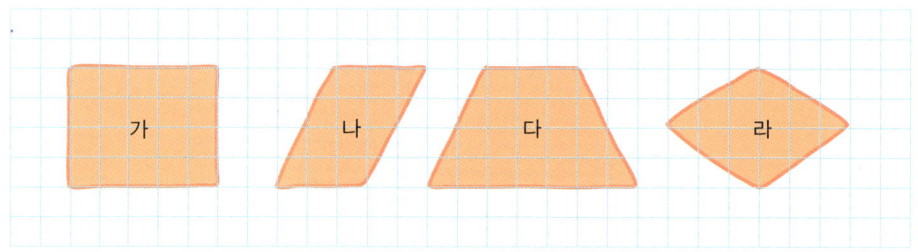

"이 사각형들의 넓이는 각각 얼마일까?"

난 직사각형의 넓이는 구할 수 있었지만 평행사변형, 사다리꼴, 마름모의 넓이를 구하기는 어려웠어. 어떻게 해야 할까, 하고 망설이면서 모눈종이를 가만히 들여다보았어. 문제를 못 풀면 또 화단으로 달려가 꽃을 심어야 할 텐데…….

그러다가 문득 좋은 생각이 떠올랐어. 모눈의 개수를 하나씩 세어 보면 될 것 같았지. 삼각형은 비슷한 크기의 다른 삼각형을 합해 한 개로 대충 계산했어. 그러자 가는 20개, 나는 12개, 다는 20개, 라는 12개가 나왔어.

"박신형, 구했니?"

선생님이 나를 바라보며 물으셨어. 난 얼떨떨한 얼굴로 조심스럽게 입을 열었지.

"가의 넓이는 20, 나는 12, 다는 20, 그리고 라의 넓이는 12입니다."

난 분명히 틀렸을 거라고 생각했어. 그런데…….

"오! 다 맞았네! 평행사변형, 사다리꼴, 마름모의 넓이를 구하는 공식을 알고 있었어?"

신나라 선생님이 기쁜 얼굴로 물으셨어.

"그게 저…… 그게 아니라……."

친구들이 일제히 나를 바라보았어.

"저…… 사실은 대충 모눈의 개수를 셌어요."

"우하하하!"

친구들이 손뼉을 치면서 '와하하' 웃었어. 난 얼굴이 새빨개졌어.

"모두 조용! 웃지 마. 신형이의 방법이 틀린 건 아니니까."

선생님의 말에 친구들은 웃음을 멈추었어. 난 '휴' 하고 조용히 한숨을 쉬었지.

선생님은 다시 사각형이 그려진 종이를 가리키며 말씀하셨어.

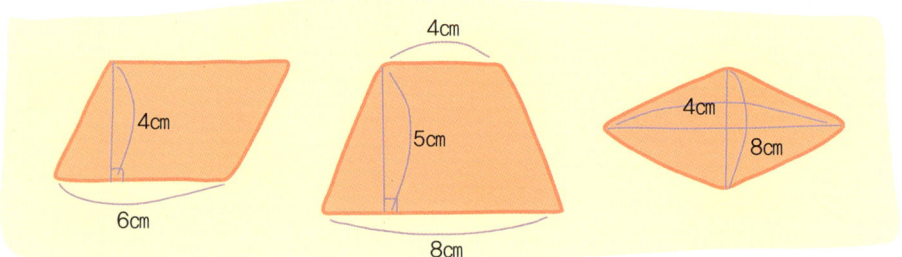

"이 사각형들은 나름대로 특징이 있어. 특징을 이용하면 넓이를 구하는 방법을 알아낼 수 있어. 공식을 달달 외워서 문제를 풀려고 하지 말고, 혼자의 힘으로 특징을 생각하며 넓이를 구해 봐."

> 평행사변형의 특징 : 마주 보는 두 쌍의 변이 서로 평행이다.
> 사다리꼴의 특징 : 마주 보는 한 쌍의 변이 서로 평행이다.
> 마름모의 특징 : 네 변의 길이가 모두 같고, 두 쌍의 마주 보는
> 　　　　　　　변이 서로 평행이다.

나는 지난 시간에 배운 내용을 공책에서 찾아서 읽어 보았어.

'아, 사각형 모양이 왜 제멋대로야? 직사각형이라면 금방 구할 수 있는데……. 아까 내가 했던 방법을 이용해 볼까? 삼각형 두 개를 한 개로 합하면 사각형이 되잖아. 그러면 이 사각형들을 직사각형으로 만들 수 있을 것 같은데…….'

나는 평행사변형을 직사각형으로 그려 보았어. 또 사다리꼴도 직사각형으로 그려 보고, 마름모도 직사각형으로 그려 보았지.

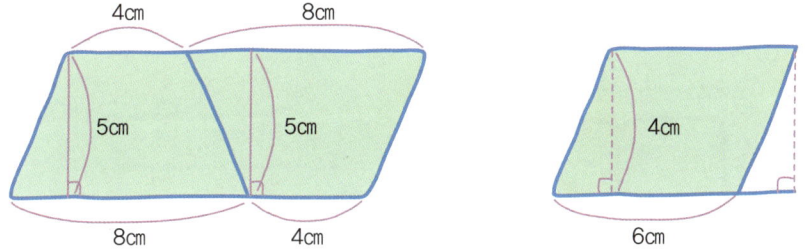

하지만 내가 그린 사각형은 모두 엉망으로 보였어. 결국 나는 포기하고 말았어.

고개를 들고 다른 아이들을 바라보았어. 모두 고개를 숙인 채 열심히 문제를 풀고 있었어.

신나라 선생님은 친구들이 문제를 푸는 모습을 둘러보시다가 나와 눈이 딱 마주쳤어. 난 얼른 내가 그린 그림을 손으로 가렸지. 선생님한테 혼이 날까 봐 숨겼던 거야. 그런데 놀라운 일이 일어났어!

"오! 신형이가 또 문제를 풀었네!"

"누가 풀어요? 제가요? 언제요?"

"지금 풀었잖아. 거기 적혀 있는데?"

"이거요? 이건 낙서한 건데……."

선생님은 내 공책을 들고는 아이들에게 보이며 사각형의 넓이를 구하기 시작했어.

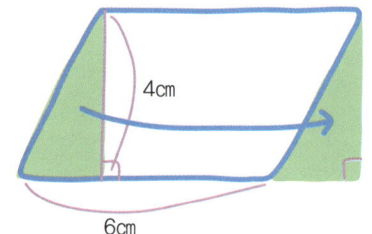

"신형이가 푼 것처럼 평행사변형을 직사각형으로 만들 수 있어. 평행사변형은 마주 보는 두 쌍의 변이 서로 평행이잖아. 그러니까 어떤 평행사변형이든 직사각형으로 만들 수 있어. 그래서 이 평행사변형의 넓이는 $6 \times 4 = 24(cm^2)$야.

> 평행사변형의 넓이=직사각형의 넓이=가로×세로=밑변×높이

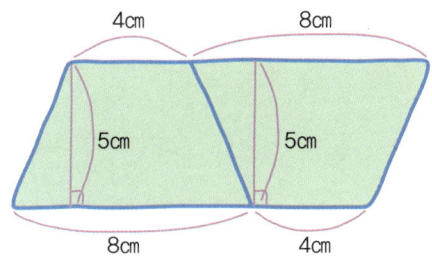

"그리고 신형이가 사다리꼴의 넓이도 제대로 계산했구나. 크기와 모양이 같은 사다리꼴 2개를 윗변과 아랫변을 연결해 평행사변형으로 만들 수 있어. 사다리꼴은 윗변과 아랫변이 서로 평행이라는 특징을 갖고 있어. 어떤 사다리꼴이든 평행사변형을 만들 수 있다는 뜻이야. 평행사변형의 밑변의 길이는 (8+4)cm야. 평행사변형의 높이는 사다리꼴의 높이와 같으니까 5cm야. 그래서 평행사변형의 넓이=(8+4)×5=60(㎠)지. 그런데 여기에는 사다리꼴 2개가 들어 있어. 사다리꼴 1개 넓이는 60÷2=30(㎠)야."

> (사다리꼴의 넓이)=평행사변형의 넓이÷2=밑변×높이÷2
> =(윗변+아랫변)×높이÷2

선생님은 다시 말을 이었어.

"마름모는 직사각형으로 그리기가 쉽지 않을 거야. 그런데 신형이는 아주 잘 그려서 해결했구나. 대단해! 마름모의 겉에 꼭 맞는 직사각형을 그릴 수 있어. 마름모의 특징은 네 변의 길이가 모두 같고, 두 쌍의 마주 보는 변이 서로 평행이잖아. 그러니까 어떤 마름모든 겉에 꼭 맞는 직사각형을 그릴 수 있어. 그리고 이제 마름모의 넓이를 구할 수 있지."

> 마름모의 넓이 = 직사각형의 넓이÷2=가로×세로÷2
> = 대각선 ㄴㄹ의 길이×대각선 ㄱㄷ의 길이÷2
> = 한 대각선×다른 대각선÷2

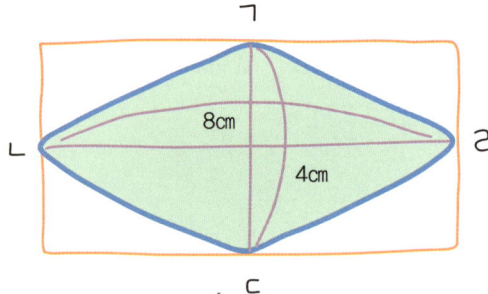

"어려운 문제를 풀어낸 신형이에게 모두 박수!"

신나라 선생님께서 나를 바라보며 윙크를 했어. 내가 이렇게 어려운 문제를 풀어냈다니! 난 어리둥절했어. 혹시 내가 수학 천재였나? 나만 몰랐던 걸까?

다양한 삼각형의 넓이 구하는 법

"이번에는 마지막 미션이야. 다 함께 삼각형의 넓이에 도전해 보자."

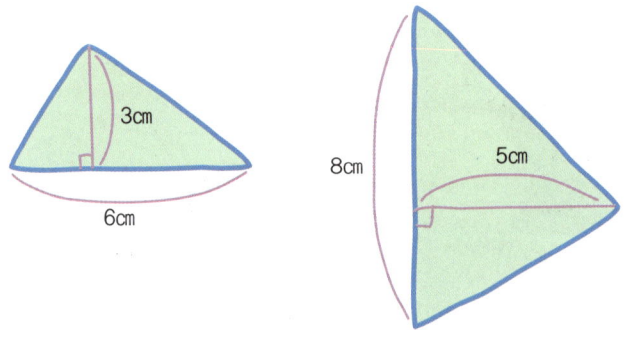

선생님께서 두 개의 삼각형을 보여 주었어.

"지금까지 우리는 직사각형, 정사각형, 평행사변형의 넓이를 알아보았어. 그 방법을 이용해 삼각형의 넓이를 구해 보도록 해."

'그렇다면 삼각형을 사각형으로 만들면 되겠네?'

나는 속으로 생각했어. 내 옆에 있던 친구들도 눈치를 챘는지 벌써 사각형을 그리기 시작했어.

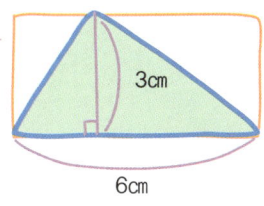
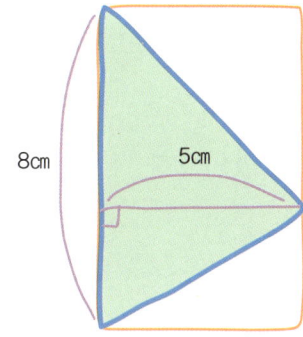

"삼각형의 겉에 꼭 맞는 직사각형을 그릴 수 있어. 이렇게 말이야."

선생님이 그린 직사각형을 보니까 삼각형의 넓이는 직사각형의 넓이의 딱 절반이라는 것을 알 수 있었어. 그렇구나!

삼각형의 넓이
=직사각형의 넓이÷2
=밑변×높이÷2

첫 번째 삼각형은 6×3÷2=9(㎠)
두 번째 삼각형은 8×5÷2=20(㎠)

으흠, 내가 생각한 게 또 맞았어. 난 정말 천재였나 봐!

"이게 마지막 미션이야. 이렇게 생긴 삼각형의 넓이를 구하는 방법을 알아보자."

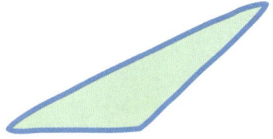

삼각형의 넓이는 (밑변)×(높이)÷2의 공식으로 풀면 쉽겠지만, 선생님은 밑변과 높이가 얼마인지 전혀 가르쳐 주시지 않았어. 그건 공식으로 풀어서는 안 된다는 뜻이었어. 우리 스스로 넓이를 구하는 방법을 찾으라는 뜻이지.

난 머리를 이렇게도 굴려 보고, 저렇게도 굴려 보았어. 하지만 정말 이상하게 생긴 삼각형이라서 아무리 해도 사각형으로 만들 수가 없었어.

"어렵니? 너무 어려운 문제야?"

선생님께서 우리를 둘러보며 물으셨어. 아이들은 힘없이 "네." 하고 대답했어. 그때 내 머릿속으로 한 줄기 빛이 스치고 지나가는 거야.

"직사각형으로 못 만든다면 혹시 평행사변형으로 만들면 안 될까요? 아까 평행사변형을 직사각형으로 만들 수 있었으니까요. 삼각형에서 평행사변형으로, 다시 직사각형으로 차례로 만들면 될 것도 같아요."

난 약간 자신 없는 목소리로 설명했는데, 선생님께서 손뼉을 치면서 벌떡 일어나시는 거야.

"바로 그거야!"

"네?"

"바로 그거라고! 크기와 모양이 같은 삼각형 2개로 평행사변형을 만들 수 있어!"

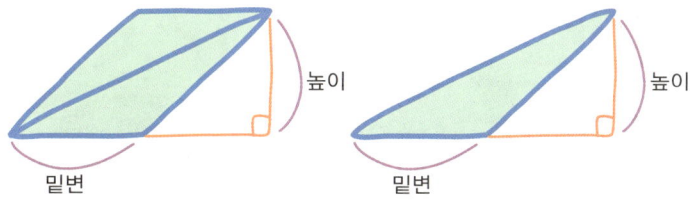

삼각형의 넓이=평행사변형의 넓이÷2
=밑변×높이÷2

드디어 마지막 미션이 끝났어. 친구들이 나를 바라보는 눈길이 뭔가 달랐어. "오호!" 하면서 감탄하는 친구도 있었고, 어깨를 두드려 주는 친구도 있었어. 어쨌거나 모두 내가 대단하다는 표정이었지.

아, 수학이 너무 좋아. 수학은 나를 행복하게 만들어. 난 앞으로 수학 없이는 못 살 것 같아.

모양이 다른 사각형과 삼각형의 넓이를 구하라

1. 밑변의 길이와 높이가 서로 같지만, 모양이 다른 평행사변형들이 여러 개 있어. 각각의 넓이를 구해 봐. 그리고 발견할 수 있는 사실은 무엇인지 설명해 봐.(단, 1칸의 한 변의 길이는 1cm이다.)

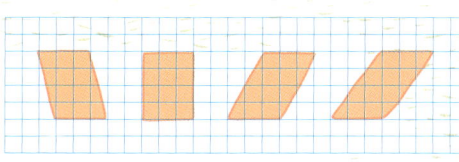

2. 밑변의 길이와 높이가 서로 같지만, 모양이 다른 사각형들이 여러 개 있어. 각각의 넓이를 구해봐. 그리고 발견할 수 있는 사실은 무엇인지 설명해 봐.(단, 1칸의 한 변의 길이는 1cm이다.)

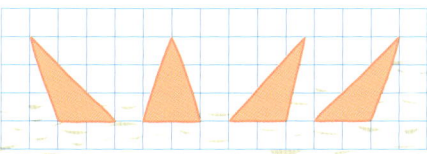

풀이 정답

1. 풀이 : 네 개의 평행사변형의 넓이 12㎠
발견한 사실 : 평행사변형의 길이와 사로 같은 평행사변형의 모양이
달라도 넓이 모두 같다.

2. 풀이 : 네 개의 삼각형의 넓이 3㎠
발견한 사실 : 평행사변형의 길이와 사로 같은 삼각형의 모양이
달라도 넓이 모두 같다.

박신형의 수학일기 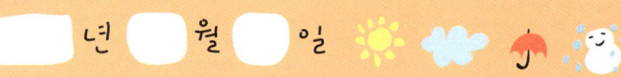 년 월 일

너희는 공식으로 넓이를 구하니? 난 원리로 넓이를 구해!

박신형(서울, 대치초등학교 5학년)

오늘은 도형의 넓이에 대해 배운 시간이었다. 넓이는 전에 배운 적이 있어서 오늘만큼은 쉽게 해결할 수 있을 것 같았다. 그런데 이런! 이건 수학의 배신이야! 아니, 내 기억력의 배신인가?

막상 시작하니 배웠다는 기억만 있지, 정확한 방법이 생각나지 않는 것이었다. 삼각형의 넓이…… 삼각형의 넓이를 어떻게 구하는 거더라? 그런데 사각형의 넓이를 구하는 방법은 확실히 기억이 났다.

'그래, 맞아! 삼각형은 사각형 넓이의 절반이잖아. 이 그림처럼 말이야.'

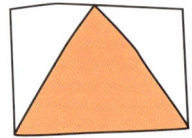 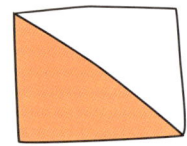

그러니까 이런 원리를 이용해서 넓이를 구하는 거야.'
그제야 난 삼각형의 넓이를 구하는 공식이 떠올랐다. 사각형의 가로는 밑변이 되고, 사각형의 세로는 높이가 된다. 그러니까 삼각형의 넓이는 이렇게 되는 것이다.

> 사각형의 넓이 = 가로 × 세로
> 삼각형의 넓이 = 사각형의 넓이 ÷ 2
> = 밑변 × 높이 ÷ 2

음하하핫! 난 막 자신감이 또 무럭무럭 생기려고 했다. 그런데 이때 내 자신감에 찬물을 끼얹는 사건이 일어났다. 사다리꼴이 딱 나오는 것이다. 어휴.
옆에 있던 은채가 술술 식을 말해 주었다.

> 사다리꼴의 넓이 = (윗변 + 아랫변) × 높이 ÷ 2

하지만 왜 그런지 이해가 잘 되지 않았다.
"왜 윗변과 아랫변을 더해야 하는 거지? 왜? 왜냐고?"
내 주변의 어느 누구도 내 질문에 대답하지 못했다. 그래서 나는 내 방식대로 다시 생각하기 시작했다. 방금 삼각형의 넓이를 구하는 공식을 알아냈던 것을
사다리꼴의 넓이를 구하는 방법에 응용할 수는 없을까? 사다리꼴도 사각형이니까 방법이 있을 것 같은데!
그래서 나는 이렇게 그림을 그려 보았다. 사다리꼴에 대각선을 그어 보니까 삼각형 2개가 생겼다.

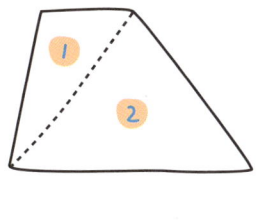

사다리꼴의 넓이를 구하려면 2개의 삼각형의 넓이를 하나씩 계산해서 더하면 된다.

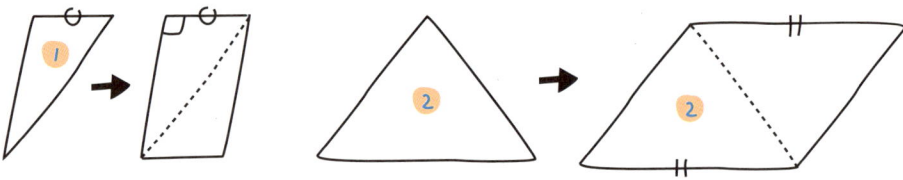

1번 삼각형의 넓이는 윗변×높이÷2
2번 삼각형의 넓이는 아랫변×높이÷2
따라서 2개의 삼각형을 더하면, (윗변×높이÷2)+(아랫변×높이÷2)가 된다.

> 사다리꼴의 넓이=(윗변×높이÷2)+(아랫변×높이÷2)

좋았어! 사다리꼴도 정복했어! 그런데 왜 사다리꼴의 넓이를 구하는 공식이 (윗변+아랫변)×높이÷2지?
난 자꾸자꾸 생각했다. 사다리꼴에 수를 써넣고 넓이를 직접 계산해 보았다. 그러자 번개 같은 생각이 머리를 스치고 지나갔다. (윗변×높이÷2)+(아랫변×높이÷2)는 계산이 너무 복잡하다. 그래서 두 번 곱하는 높이를 한 번으로 줄여서 계산할 수 있다.

> 사다리꼴의 넓이=(윗변×높이÷2)+(아랫변×높이÷2)
> =(윗변+아랫변)×높이÷2

음하하해! 높이가 같은 윗변인 삼각형과 아랫변인 삼각형 2개니까 윗변과 아랫변을 더해 준다는 걸 깨달았다!

오늘 여러 가지 도형의 넓이를 구하면서 든 생각은 아무리 복잡한 모양의 도형이라도 가장 기본이 되는 모양으로 쪼개서 구할 수 있다는 것이다. 이렇듯이 수학은 하나의 개념이 여러 가지로 응용된다. 앞으로는 그냥 단순히 식을 외우고 문제를 푸는 것보다 해당하는 개념의 원리를 잘 이해해서 쉬운 문제부터 차근차근 할 것이다.
오늘 수학이 조금은 쉬워지는 날이어서 정말 행복했다.

복잡한 도형도 쉽게 풀 수 있는 원리가 있어.

 **선생님의 한마디**

  도형의 넓이를 구하는 과정을 논리적으로 생각하면서 넓이를 구하는 공식을 스스로 알아냈구나! 설명도 아주 잘했어! 이런 과정을 통해 수업 시간에 배운 내용뿐만 아니라 논리적으로 사고하는 과정까지 넌 경험하게 된 거야.
  또 자신이 생각했던 부분에서 틀린 점과 그 이유를 찾았고, 자신의 실수를 반성하는 모습까지 돋보였어. 수학일기에 표현한 것과 같이 잘못된 학습 태도를 고치려고 노력한다면 신형이는 앞으로 수학 능력이 크게 발전할 거야. 수학일기는 그런 너에게 좋은 밑거름이 될 거고.
  앞으로 수학일기를 쓸 때에는 수업에서 배운 내용을 정리하고 느낀 점뿐만 아니라 수업을 통해 깨닫게 되는 생각의 흐름이 드러나도록 써 보렴. 수업 내용을 바탕으로 더욱 알고 싶은 부분까지 탐구한다면 넌 다른 학생들과는 다른 수준으로 올라설 수 있어. 또 일기에 멋진 제목을 붙이는 것도 고민해 보렴. 너의 생각을 정리하는 데 도움이 될 거야.